中华人民共和国职业分类大典

(2022年版)

职业工种目录

中国劳动社会保障出版社

图书在版编目（CIP）数据

中华人民共和国职业分类大典（2022年版）职业工种目录/《中华人民共和国职业分类大典（2022年版）职业工种目录》编写组编. -- 北京：中国劳动社会保障出版社，2022

ISBN 978-7-5167-5757-4

Ⅰ.①中… Ⅱ.①中… Ⅲ.①职业-工种-中国-目录 Ⅳ.①F249.2-62

中国版本图书馆 CIP 数据核字（2022）第 247638 号

中国劳动社会保障出版社出版发行

（北京市惠新东街1号　邮政编码：100029）

*

北京市艺辉印刷有限公司印刷装订　新华书店经销
880 毫米×1230 毫米　32 开本　8.625 印张　217 千字
2022 年 12 月第 1 版　2025 年 3 月第 6 次印刷
定价：28.00 元

营销中心电话：400-606-6496
出版社网址：http://www.class.com.cn

版权专有　　侵权必究

如有印装差错，请与本社联系调换：（010）81211666
我社将与版权执法机关配合，大力打击盗印、销售和使用盗版图书活动，敬请广大读者协助举报，经查实将给予举报者奖励。
举报电话：（010）64954652

前　言

职业分类是我国人力资源开发管理领域中的一项长期而重要的基础性工作。1999年5月，我国颁布了第一部《中华人民共和国职业分类大典》（以下简称《大典》），填补了我国职业分类工作的空白。进入新世纪后，随着经济社会的快速发展，我国的职业构成发生了巨大变化。2015年，人力资源和社会保障部会同国家质量监督检验检疫总局、国家统计局，颁布了2015年版《大典》，进一步完善了我国的职业分类体系。2015年版《大典》入选了"十三五"国家重点出版物出版规划，并在中国共产党历史展览馆作为建党100周年相关成就作品展出。

"十三五"时期，我国经济实力、科技实力、综合国力跃上了新台阶，新经济、新业态、新模式不断涌现，引发了社会职业结构新的变迁。为适应新时代我国人力资源管理的需要，更加全面、客观、及时地反映现阶段我国的社会职业状况，2021年4月，人力资源资源社会保障部会同国家市场监管总局、国家统计局启动了国家职业分类大典的第二次修订工作，并于2022年9月颁布了2022年版《大典》。2022年版《大典》入选2022年度国家出版基金资助项目。

2022年版《大典》从我国经济社会发展现状出发，基于基层岗位实际业态，运用科学的职业分类理论和方法，写实性描述了各职业的具体内容。同时，为全面贯彻新发展理念、推动实现"双碳"目标，将碳排放管理员、碳汇计量评估师等新兴职业纳入2022年版《大典》；除继续对绿色职业进行标识外，为适应数字经济发展需要，首次在《大典》中增加对数字职业的标识（标识为S）。在2022年版《大典》中，职业分类为8个大类、79个中类、450个小类、1639个细类（职业）和2967个工种，其中绿色职业（标识为L）134个，数字职业97个，既是绿色职业又是数字职业的（标识为L/S）23个。

  2022年版《大典》充分适应和反映了近年来经济结构特别是产业结构变化，适应和反映了社会结构特别是人口、就业结构变化，适应和反映了人力资源开发与管理特别是人力资源配置需求，对于经济社会各领域都具有重要价值。为深入贯彻习近平总书记关于人才、就业、教育等工作的重要论述，进一步做好2022年版《大典》的宣传、推广和使用工作，我们组织编辑出版《中华人民共和国职业分类大典（2022年版）职业工种目录》，将2022年版《大典》中大类、中类、小类、细类（职业）、工种的名称、编码等信息，以目录的形式展现出来，形成微缩版的《大典》，以期为社会公众提供便携、易查询的工具书，推动《大典》在我国经济社会发展领域特别是人力资源开发领域的应用。

编者
2022年12月

目　录

第一大类　党的机关、国家机关、群众团体
和社会组织、企事业单位负责人

第一大类　1（GBM 10000）党的机关、国家机关、群众团体和社会组织、企事业单位负责人 ··· （ 3 ）

　　第一中类　1-01（GBM 10100）中国共产党机关和基层组织负责人 ················· （ 3 ）

　　第二中类　1-02（GBM 10200）国家机关负责人 ·· （ 3 ）

　　第三中类　1-03（GBM 10300）民主党派和工商联负责人 ···························· （ 4 ）

　　第四中类　1-04（GBM 10400）人民团体和群众团体、社会组织及其他成员组织负责人 ··· （ 4 ）

　　第五中类　1-05（GBM 10500）基层群众性自治组织负责人 ························ （ 5 ）

　　第六中类　1-06（GBM 10600）企事业单位负责人 ······································· （ 5 ）

第二大类　专业技术人员

第二大类　2（GBM 20000）专业技术人员 ·· （ 9 ）

　　第一中类　2-01（GBM 20100）科学研究人员 ··· （ 9 ）

· I ·

第二中类　2-02（GBM 20200）工程技术人员 ……………………………………………………（10）

第三中类　2-03（GBM 20300）农业技术人员 ……………………………………………………（26）

第四中类　2-04（GBM 20400）飞机和船舶技术人员 ……………………………………………（27）

第五中类　2-05（GBM 20500）卫生专业技术人员 ………………………………………………（28）

第六中类　2-06（GBM 20600）经济和金融专业人员 ……………………………………………（32）

第七中类　2-07（GBM 20700）监察、法律、社会和宗教专业人员 ……………………………（36）

第八中类　2-08（GBM 20800）教学人员 …………………………………………………………（38）

第九中类　2-09（GBM 20900）文学艺术、体育专业人员 ………………………………………（38）

第十中类　2-10（GBM 21000）新闻出版、文化专业人员 ………………………………………（41）

第九十九中类　2-99（GBM 29900）其他专业技术人员 …………………………………………（43）

第三大类　办事人员和有关人员

第三大类　3（GBM 30000）办事人员和有关人员 …………………………………………………（47）

第一中类　3-01（GBM 30100）行政办事及辅助人员 ……………………………………………（47）

第二中类　3-02（GBM 30200）安全和消防及辅助人员 …………………………………………（48）

第三中类　3-03（GBM 30300）仲裁、调解及相关法律事务辅助人员 …………………………（50）

第九十九中类　3-99（GBM 39900）其他办事人员和有关人员 …………………………………（50）

第四大类　社会生产服务和生活服务人员

第四大类　4（GBM 40000）社会生产服务和生活服务人员 …………………………（53）

　　第一中类　4-01（GBM 40100）批发与零售服务人员 ……………………………（53）

　　第二中类　4-02（GBM 40200）交通运输、仓储物流和邮政业服务人员 ………（55）

　　第三中类　4-03（GBM 40300）住宿和餐饮服务人员 ……………………………（61）

　　第四中类　4-04（GBM 40400）信息传输、软件和信息技术服务人员 …………（63）

　　第五中类　4-05（GBM 40500）金融服务人员 ……………………………………（66）

　　第六中类　4-06（GBM 40600）房地产服务人员 …………………………………（67）

　　第七中类　4-07（GBM 40700）租赁和商务服务人员 ……………………………（68）

　　第八中类　4-08（GBM 40800）技术辅助服务人员 ………………………………（71）

　　第九中类　4-09（GBM 40900）水利、环境和公共设施管理服务人员 …………（78）

　　第十中类　4-10（GBM 41000）居民服务人员 ……………………………………（83）

　　第十一中类　4-11（GBM 41100）电力、燃气及水供应服务人员 ………………（85）

　　第十二中类　4-12（GBM 41200）修理及制作服务人员 …………………………（86）

　　第十三中类　4-13（GBM 41300）文化和教育服务人员 …………………………（88）

　　第十四中类　4-14（GBM 41400）健康、体育和休闲服务人员 …………………（91）

　　第九十九中类　4-99（GBM 49900）其他社会生产服务和生活服务人员 ………（93）

第五大类 农、林、牧、渔业生产及辅助人员

第五大类 5（GBM 50000）农、林、牧、渔业生产及辅助人员 ……………………………（ 97 ）
 第一中类 5-01（GBM 50100）农业生产人员 …………………………………………（ 97 ）
 第二中类 5-02（GBM 50200）林业生产人员 …………………………………………（ 98 ）
 第三中类 5-03（GBM 50300）畜牧业生产人员 ………………………………………（100）
 第四中类 5-04（GBM 50400）渔业生产人员 …………………………………………（101）
 第五中类 5-05（GBM 50500）农、林、牧、渔业生产辅助人员 ……………………（103）
 第九十九中类 5-99（GBM 59900）其他农、林、牧、渔业生产及辅助人员 ………（107）

第六大类 生产制造及有关人员

第六大类 6（GBM 60000）生产制造及有关人员 ……………………………………………（111）
 第一中类 6-01（GBM 60100）农副产品加工人员 ……………………………………（111）
 第二中类 6-02（GBM 60200）食品、饮料生产加工人员 ……………………………（113）
 第三中类 6-03（GBM 60300）烟草及其制品加工人员 ………………………………（119）
 第四中类 6-04（GBM 60400）纺织、针织、印染人员 ………………………………（120）
 第五中类 6-05（GBM 60500）纺织品、服装和皮革、毛皮制品加工制作人员 ……（124）
 第六中类 6-06（GBM 60600）木材加工、家具与木制品制作人员 …………………（126）
 第七中类 6-07（GBM 60700）纸及纸制品生产加工人员 ……………………………（129）

第八中类　6-08（GBM 60800）印刷和记录媒介复制人员 …………………………………………（129）

第九中类　6-09（GBM 60900）文教、工美、体育和娱乐用品制造人员 ……………………（131）

第十中类　6-10（GBM 61000）石油加工和炼焦、煤化工生产人员 ………………………（137）

第十一中类　6-11（GBM 61100）化学原料和化学制品制造人员 …………………………（141）

第十二中类　6-12（GBM 61200）医药制造人员 ………………………………………………（160）

第十三中类　6-13（GBM 61300）化学纤维制造人员 …………………………………………（163）

第十四中类　6-14（GBM 61400）橡胶和塑料制品制造人员 …………………………………（164）

第十五中类　6-15（GBM 61500）非金属矿物制品制造人员 …………………………………（166）

第十六中类　6-16（GBM 61600）采矿人员 ……………………………………………………（173）

第十七中类　6-17（GBM 61700）金属冶炼和压延加工人员 …………………………………（183）

第十八中类　6-18（GBM 61800）机械制造基础加工人员 ……………………………………（197）

第十九中类　6-19（GBM 61900）金属制品制造人员 …………………………………………（203）

第二十中类　6-20（GBM 62000）通用设备制造人员 …………………………………………（205）

第二十一中类　6-21（GBM 62100）专用设备制造人员 ………………………………………（210）

第二十二中类　6-22（GBM 62200）汽车制造人员 ……………………………………………（213）

第二十三中类　6-23（GBM 62300）铁路、船舶、航空设备制造人员 ………………………（214）

第二十四中类　6-24（GBM 62400）电气机械和器材制造人员 ………………………………（220）

第二十五中类　6-25（GBM 62500）计算机、通信和其他电子设备制造人员 ………………（226）

第二十六中类　6-26（GBM 62600）仪器仪表制造人员 ………………………………………（233）

第二十七中类　6-27（GBM 62700）再生资源综合利用人员 …………………………………（233）

第二十八中类　6-28（GBM 62800）电力、热力、气体、水生产和输配人员 ………………（234）

第二十九中类　6-29（GBM 62900）建筑施工人员 …………………………………………（238）

第三十中类　6-30（GBM 63000）运输设备和通用工程机械操作人员及有关人员 ………（244）

第三十一中类　6-31（GBM 63100）生产辅助人员 …………………………………………（250）

第九十九中类　6-99（GBM 69900）其他生产制造及有关人员 ……………………………（255）

第七大类　军 队 人 员

第七大类　7（GBM 70000）军队人员 …………………………………………………………（259）

  第一中类　7-01（GBM 70100）军官（警官） ………………………………………………（259）

  第二中类　7-02（GBM 70200）军士（警士） ………………………………………………（259）

  第三中类　7-03（GBM 70300）义务兵 ………………………………………………………（259）

  第四中类　7-04（GBM 70400）文职人员 ……………………………………………………（259）

第八大类　不便分类的其他从业人员

第八大类　8（GBM 80000）不便分类的其他从业人员 ……………………………………（263）

  中类　8-00（GBM 80000）不便分类的其他从业人员 ………………………………………（263）

第一大类

党的机关、国家机关、群众团体和社会组织、企事业单位负责人

第一大类　1（GBM 10000）党的机关、国家机关、群众团体和社会组织、企事业单位负责人

第一中类　1-01（GBM 10100）中国共产党机关和基层组织负责人

小类	细类（职业）	工种
1-01-00（GBM 10100）中国共产党机关和基层组织负责人	1-01-00-01　中国共产党机关负责人 1-01-00-02　中国共产党基层组织负责人	

第二中类　1-02（GBM 10200）国家机关负责人

小类	细类（职业）	工种
1-02-01（GBM 10201）国家权力机关负责人	1-02-01-00　国家权力机关负责人	
1-02-02（GBM 10202）国家行政机关负责人	1-02-02-00　国家行政机关负责人	
1-02-03（GBM 10203）人民政协机关负责人	1-02-03-00　人民政协机关负责人	
1-02-04（GBM 10204）监察机关负责人	1-02-04-00　监察机关负责人	
1-02-05（GBM 10205）人民法院和人民检察院负责人	1-02-05-01　人民法院负责人 1-02-05-02　人民检察院负责人	

第三中类 1-03（GBM 10300）民主党派和工商联负责人

小类	细类（职业）	工种
1-03-00（GBM 10300）民主党派和工商联负责人	1-03-00-01 民主党派负责人 1-03-00-02 工商联负责人	

第四中类 1-04（GBM 10400）人民团体和群众团体、社会组织及其他成员组织负责人

小类	细类（职业）	工种
1-04-01（GBM 10401）人民团体和群众团体负责人	1-04-01-01 工会负责人 1-04-01-02 共青团负责人 1-04-01-03 妇联负责人 1-04-01-04 其他人民团体和群众团体负责人	
1-04-02（GBM 10402）社会团体负责人	1-04-02-00 社会团体负责人	
1-04-03（GBM 10403）社会服务机构负责人	1-04-03-00 社会服务机构负责人	
1-04-04（GBM 10404）社会中介组织负责人	1-04-04-00 社会中介组织负责人	
1-04-05（GBM 10405）基金会负责人	1-04-05-00 基金会负责人	

续表

小类	细类（职业）	工种
1-04-06（GBM 10406）宗教组织负责人	1-04-06-00 宗教组织负责人	

第五中类　1-05（GBM 10500）基层群众性自治组织负责人

小类	细类（职业）	工种
1-05-00（GBM 10500）基层群众性自治组织负责人	1-05-00-01 居民委员会负责人 1-05-00-02 村民委员会负责人	

第六中类　1-06（GBM 10600）企事业单位负责人

小类	细类（职业）	工种
1-06-01（GBM 10601）企业负责人	1-06-01-01 企业董事 1-06-01-02 企业经理 1-06-01-03 国有企业中国共产党组织负责人	
1-06-02（GBM 10602）事业单位负责人	1-06-02-00 事业单位负责人	

第二大类

专业技术人员

第二大类 2（GBM 20000）专业技术人员

第一中类 2-01（GBM 20100）科学研究人员

小类	细类（职业）		工种
2-01-01（GBM 20101）哲学研究人员	2-01-01-00	哲学研究人员	
2-01-02（GBM 20102）经济学研究人员	2-01-02-00	经济学研究人员	
2-01-03（GBM 20103）法学研究人员	2-01-03-00	法学研究人员	
2-01-04（GBM 20104）教育学研究人员	2-01-04-01	教育学研究人员	
	2-01-04-02	心理学研究人员	
	2-01-04-03	体育学研究人员	
2-01-05（GBM 20105）历史学研究人员	2-01-05-00	历史学研究人员	
2-01-06（GBM 20106）自然科学和地球科学研究人员	2-01-06-01	数学研究人员	
	2-01-06-02	物理学研究人员	
	2-01-06-03	化学研究人员	
	2-01-06-04	天文学研究人员	
	2-01-06-05	生物学研究人员	
	2-01-06-06	地球科学研究人员	

续表

小类	细类（职业）	工种
2-01-07（GBM 20107）农业科学研究人员	2-01-07-00 农业科学研究人员	
2-01-08（GBM 20108）医学研究人员	2-01-08-00 医学研究人员	
2-01-09（GBM 20109）管理学研究人员	2-01-09-00 管理学研究人员	
2-01-10（GBM 20110）文学、艺术学研究人员	2-01-10-00 文学、艺术学研究人员	
2-01-11（GBM 20111）军事学研究人员	2-01-11-00 军事学研究人员	
2-01-99（GBM 20199）其他科学研究人员		

第二中类　2-02（GBM 20200）工程技术人员

小类	细类（职业）	工种
2-02-01（GBM 20201）地质勘探工程技术人员	2-02-01-01 地质实验测试工程技术人员 2-02-01-02 地球物理地球化学与遥感勘查工程技术人员 L/S	

续表

小类	细类（职业）		工种
	2-02-01-03	水工环地质工程技术人员 L	
	2-02-01-04	地质矿产调查工程技术人员	
	2-02-01-05	钻探工程技术人员	
2-02-02（GBM 20202）测绘和地理信息工程技术人员	2-02-02-01	大地测量工程技术人员 L/S	
	2-02-02-02	工程测量工程技术人员 S	
	2-02-02-03	摄影测量与遥感工程技术人员 L/S	
	2-02-02-04	地图制图工程技术人员 S	
	2-02-02-05	海洋测绘工程技术人员 L/S	
	2-02-02-06	地理国情监测工程技术人员 L/S	
	2-02-02-07	地理信息系统工程技术人员 L/S	
	2-02-02-08	导航与位置服务工程技术人员 L/S	
	2-02-02-09	地质测绘工程技术人员 L/S	
2-02-03（GBM 20203）矿山工程技术人员	2-02-03-01	矿井建设工程技术人员	
	2-02-03-02	采矿工程技术人员	
	2-02-03-03	矿山通风工程技术人员	

续表

小类	细类（职业）	工种
	2-02-03-04 选矿与矿物加工工程技术人员	
	2-02-03-05 矿山环保复垦工程技术人员 L	
2-02-04（GBM 20204）石油天然气工程技术人员	2-02-04-01 石油天然气开采工程技术人员	
	2-02-04-02 石油天然气储运工程技术人员	
2-02-05（GBM 20205）冶金工程技术人员	2-02-05-01 冶炼工程技术人员	
	2-02-05-02 轧制工程技术人员	
	2-02-05-03 焦化工程技术人员	
	2-02-05-04 金属材料工程技术人员	
	2-02-05-05 耐火材料工程技术人员	
	2-02-05-06 炭素材料工程技术人员	
	2-02-05-07 冶金热能工程技术人员 L	
	2-02-05-08 铸管工程技术人员	
	2-02-05-09 稀土工程技术人员	
2-02-06（GBM 20206）化工工程技术人员	2-02-06-01 化工实验工程技术人员	
	2-02-06-02 化工设计工程技术人员	

续表

小类	细类（职业）	工种
2-02-07（GBM 20207）机械工程技术人员	2-02-06-03 化工生产工程技术人员	
	2-02-07-01 机械设计工程技术人员	
	2-02-07-02 机械制造工程技术人员	
	2-02-07-03 仪器仪表工程技术人员	
	2-02-07-04 设备工程技术人员	
	2-02-07-05 医学设备管理工程技术人员	
	2-02-07-06 模具设计工程技术人员	
	2-02-07-07 自动控制工程技术人员 S	
	2-02-07-08 材料成形与改性工程技术人员	
	2-02-07-09 焊接工程技术人员	
	2-02-07-10 特种设备管理和应用工程技术人员	
	2-02-07-11 汽车工程技术人员 L	
	2-02-07-12 船舶工程技术人员	
	2-02-07-13 铸造工程技术人员	
2-02-08（GBM 20208）航空工程技术人员	2-02-08-01 飞行器设计工程技术人员	
	2-02-08-02 飞行器制造工程技术人员	

续表

小类	细类（职业）	工种
	2-02-08-03 航空动力装置设计工程技术人员	
	2-02-08-04 航空动力装置制造工程技术人员	
	2-02-08-05 航空产品试验与飞行试验工程技术人员	
	2-02-08-06 航空产品适航工程技术人员	
	2-02-08-07 航空产品支援工程技术人员	
	2-02-08-08 机载设备设计制造工程技术人员	
2-02-09（GBM 20209）电子工程技术人员	2-02-09-01 电子材料工程技术人员	
	2-02-09-02 电子元器件工程技术人员	
	2-02-09-03 雷达导航工程技术人员 S	
	2-02-09-04 电子仪器与电子测量工程技术人员	
	2-02-09-05 广播视听设备工程技术人员 S	
2-02-10（GBM 20210）信息和通信工程技术人员	2-02-10-01 通信工程技术人员 S	
	2-02-10-02 计算机硬件工程技术人员	

续表

小类	细类（职业）	工种
	2-02-10-03 计算机软件工程技术人员 S	
	2-02-10-04 计算机网络工程技术人员 S	
	2-02-10-05 信息系统分析工程技术人员 S	
	2-02-10-06 嵌入式系统设计工程技术人员 S	
	2-02-10-07 信息安全工程技术人员 S	
	2-02-10-08 信息系统运行维护工程技术人员 S	
2-02-11（GBM 20211）电气工程技术人员	2-02-11-01 电工电器工程技术人员	
	2-02-11-02 电缆光缆工程技术人员	
	2-02-11-03 光源与照明工程技术人员	
2-02-12（GBM 20212）电力工程技术人员	2-02-12-01 发电工程技术人员 L	
	2-02-12-02 供用电工程技术人员 L	
	2-02-12-03 变电工程技术人员 L	
	2-02-12-04 输电工程技术人员 L	
	2-02-12-05 电力工程安装工程技术人员 L	

续表

小类	细类（职业）		工种
2-02-13（GBM 20213）邮政和快递工程技术人员	2-02-13-01	邮政工程技术人员	
	2-02-13-02	快递工程技术人员	
2-02-14（GBM 20214）广播电影电视及演艺设备工程技术人员	2-02-14-01	广播电视制播工程技术人员	
	2-02-14-02	广播电视传输覆盖工程技术人员 S	
	2-02-14-03	电影工程技术人员	
	2-02-14-04	演艺设备工程技术人员	
2-02-15（GBM 20215）道路和水上运输工程技术人员	2-02-15-01	汽车运用工程技术人员	
	2-02-15-02	船舶运用工程技术人员	
	2-02-15-03	水上交通工程技术人员	
	2-02-15-04	水上救助打捞工程技术人员	
	2-02-15-05	船舶检验工程技术人员	
	2-02-15-06	无线电航标操作与维护工程技术人员	
	2-02-15-07	视觉航标工程技术人员	
	2-02-15-08	道路交通工程技术人员	
	2-02-15-09	公路养护工程技术人员	
2-02-16（GBM 20216）民用航空工程技术人员	2-02-16-01	民用航空器维修与适航工程技术人员	

续表

小类	细类（职业）	工种
	2-02-16-02 民航空中交通管理工程技术人员	
	2-02-16-03 民航通用航空工程技术人员	
	2-02-16-04 民航飞行签派工程技术人员	
2-02-17（GBM 20217）铁道工程技术人员	2-02-17-01 铁道运输工程技术人员 L	
	2-02-17-02 铁道机务工程技术人员	
	2-02-17-03 铁道车辆工程技术人员	
	2-02-17-04 铁道电务工程技术人员	
	2-02-17-05 铁道供电工程技术人员	
	2-02-17-06 铁道工务工程技术人员	
2-02-18（GBM 20218）建筑工程技术人员	2-02-18-01 建筑和市政设计工程技术人员 L	
	2-02-18-02 土木建筑工程技术人员	
	2-02-18-03 风景园林工程技术人员 L	
	2-02-18-04 供水排水工程技术人员 L	
	2-02-18-05 工程勘察与岩土工程技术人员 S	
	2-02-18-06 城镇燃气与供热工程技术人员 L	

续表

小类	细类（职业）	工种
	2-02-18-07 环境卫生工程技术人员 L	
	2-02-18-08 道路与桥隧工程技术人员	
	2-02-18-09 港口与航道工程技术人员	
	2-02-18-10 民航机场工程技术人员	
	2-02-18-11 铁路建筑工程技术人员	
	2-02-18-12 水利水电建筑工程技术人员	
	2-02-18-13 爆破工程技术人员	
2-02-19（GBM 20219）建材工程技术人员	2-02-19-01 硅酸盐工程技术人员	
	2-02-19-02 非金属矿及制品工程技术人员	
	2-02-19-03 无机非金属材料工程技术人员	
	2-02-19-04 混凝土工程技术人员	
2-02-20（GBM 20220）林草工程技术人员	2-02-20-01 防沙治沙工程技术人员 L	
	2-02-20-02 森林培育工程技术人员 L	
	2-02-20-03 园林绿化工程技术人员 L	
	2-02-20-04 野生动植物保护利用工程技术人员 L	
	2-02-20-05 自然保护区工程技术人员 L	

续表

小类	细类（职业）	工种
	2-02-20-06 森林保护工程技术人员 L	
	2-02-20-07 木竹藤棕草加工工程技术人员	
	2-02-20-08 森林采伐和运输工程技术人员	
	2-02-20-09 经济林产品加工工程技术人员	
	2-02-20-10 林业资源调查与监测工程技术人员 L	
	2-02-20-11 园林植物保护工程技术人员 L	
	2-02-20-12 湿地保护修复工程技术人员 L	
2-02-21（GBM 20221）水利工程技术人员	2-02-21-01 水文水资源工程技术人员 L	
	2-02-21-02 水生态和河湖治理管护工程技术人员 L	
	2-02-21-03 水利工程管理工程技术人员	
	2-02-21-04 防汛抗旱减灾工程技术人员 L	

续表

小类	细类（职业）	工种
2-02-22（GBM 20222）海洋工程技术人员	2-02-21-05 节水工程技术人员 L	
	2-02-22-01 海洋调查与监测工程技术人员 L/S	
	2-02-22-02 海洋环境预报工程技术人员 L/S	
	2-02-22-03 海洋资源开发利用和保护工程技术人员 L	
	2-02-22-04 海洋工程勘察设计工程技术人员 S	
	2-02-22-05 海水淡化工程技术人员	
	2-02-22-06 深潜工程技术人员	
2-02-23（GBM 20223）纺织服装工程技术人员	2-02-23-01 纺织工程技术人员	
	2-02-23-02 染整工程技术人员	
	2-02-23-03 化学纤维工程技术人员	
	2-02-23-04 非织造工程技术人员	
	2-02-23-05 服装工程技术人员	
2-02-24（GBM 20224）食品工程技术人员	2-02-24-00 食品工程技术人员	

续表

小类	细类（职业）	工种
2-02-25（GBM 20225）气象工程技术人员	2-02-25-01 气象观测工程技术人员 L/S	
	2-02-25-02 天气预报工程技术人员 L/S	
	2-02-25-03 气候监测预测工程技术人员 L/S	
	2-02-25-04 气象服务工程技术人员 L/S	
	2-02-25-05 人工影响天气工程技术人员 S	
	2-02-25-06 防雷工程技术人员	
2-02-26（GBM 20226）地震工程技术人员	2-02-26-01 地震监测预测工程技术人员 S	
	2-02-26-02 地震应急救援工程技术人员	
	2-02-26-03 地震安全性评价工程技术人员	
2-02-27（GBM 20227）环境保护工程技术人员	2-02-27-01 环境监测工程技术人员 L	
	2-02-27-02 环境污染防治工程技术人员 L	
	2-02-27-03 环境影响评价工程技术人员 L	

续表

小类	细类（职业）	工种
	2-02-27-04 核与辐射安全工程技术人员 L	
	2-02-27-05 核与辐射监测工程技术人员 L	
	2-02-27-06 健康安全环境工程技术人员 L	
	2-02-27-07 碳管理工程技术人员 L	
2-02-28（GBM 20228）安全工程技术人员	2-02-28-01 安全技术防范工程技术人员	
	2-02-28-02 消防工程技术人员	
	2-02-28-03 安全生产管理工程技术人员	
	2-02-28-04 安全评价工程技术人员	
	2-02-28-05 房屋安全鉴定工程技术人员	
	2-02-28-06 防伪工程技术人员	
2-02-29（GBM 20229）标准化、计量、质量和认证认可工程技术人员	2-02-29-01 标准化工程技术人员	
	2-02-29-02 计量工程技术人员	
	2-02-29-03 质量管理工程技术人员	
	2-02-29-04 质量认证认可工程技术人员	
	2-02-29-05 可靠性工程技术人员	

续表

小类	细类（职业）	工种
2-02-30（GBM 20230）管理（工业）工程技术人员	2-02-30-01 工业工程技术人员	
	2-02-30-02 物流工程技术人员 L/S	
	2-02-30-03 战略规划与管理工程技术人员	
	2-02-30-04 项目管理工程技术人员	
	2-02-30-05 再生资源工程技术人员 L	
	2-02-30-06 能源管理工程技术人员 L	
	2-02-30-07 监理工程技术人员	
	2-02-30-08 信息管理工程技术人员 S	
	2-02-30-09 数据分析处理工程技术人员 S	
	2-02-30-10 工程造价工程技术人员	
	2-02-30-11 供应链工程技术人员 S	
2-02-31（GBM 20231）检验检疫工程技术人员	2-02-31-01 产品质量检验工程技术人员	
	2-02-31-02 进出口商品检验鉴定工程技术人员	
	2-02-31-03 进出境动物和植物检验检疫人员 L	

续表

小类	细类（职业）		工种
	2-02-31-04	特种设备检验检测工程技术人员	
	2-02-31-05	纤维质量检验工程技术人员	
	2-02-31-06	卫生检疫人员	
2-02-32（GBM 20232）制药工程技术人员	2-02-32-00	制药工程技术人员	
2-02-33（GBM 20233）印刷复制工程技术人员	2-02-33-00	印刷复制工程技术人员	
2-02-34（GBM 20234）工业（产品）设计工程技术人员	2-02-34-01	产品设计工程技术人员	
	2-02-34-02	工业设计工程技术人员 S	
2-02-35（GBM 20235）康复辅具工程技术人员	2-02-35-01	矫形器师	
	2-02-35-02	假肢师	
	2-02-35-03	听力师	
2-02-36（GBM 20236）轻工工程技术人员	2-02-36-01	制浆造纸工程技术人员	
	2-02-36-02	皮革化学工程技术人员	
	2-02-36-03	生物发酵工程技术人员	
	2-02-36-04	日用化工工程技术人员	
	2-02-36-05	塑料加工工程技术人员	

续表

小类	细类（职业）	工种
2-02-37（GBM 20237）国土空间规划与生态修复工程技术人员	2-02-37-01 土地整治与生态修复工程技术人员 L	
	2-02-37-02 城乡规划工程技术人员 L	
2-02-38（GBM 20238）数字技术工程技术人员	2-02-38-01 人工智能工程技术人员 S	
	2-02-38-02 物联网工程技术人员 S	
	2-02-38-03 大数据工程技术人员 S	
	2-02-38-04 云计算工程技术人员 S	
	2-02-38-05 智能制造工程技术人员 S	
	2-02-38-06 工业互联网工程技术人员 S	
	2-02-38-07 虚拟现实工程技术人员 S	
	2-02-38-08 区块链工程技术人员 S	
	2-02-38-09 集成电路工程技术人员 S	
	2-02-38-10 机器人工程技术人员 S	
	2-02-38-11 增材制造工程技术人员 L/S	
	2-02-38-12 数据安全工程技术人员 S	
	2-02-38-13 密码工程技术人员 S	
2-02-99（GBM 20299）其他工程技术人员		

第三中类 2-03（GBM 20300）农业技术人员

小类	细类（职业）	工种
2-03-01（GBM 20301）土壤肥料技术人员	2-03-01-00 土壤肥料技术人员	
2-03-02（GBM 20302）农业技术指导人员	2-03-02-00 农业技术指导人员	
2-03-03（GBM 20303）植物保护技术人员	2-03-03-00 植物保护技术人员 L	
2-03-04（GBM 20304）园艺技术人员	2-03-04-00 园艺技术人员 L	
2-03-05（GBM 20305）作物遗传育种栽培技术人员	2-03-05-00 作物遗传育种栽培技术人员	
2-03-06（GBM 20306）兽医兽药技术人员	2-03-06-01 兽医	
	2-03-06-02 兽药技术人员	
	2-03-06-03 宠物医师	
2-03-07（GBM 20307）畜牧与草业技术人员	2-03-07-01 畜牧技术人员	
	2-03-07-02 草业技术人员 L	
2-03-08（GBM 20308）水产技术人员	2-03-08-01 水产养殖技术人员	
	2-03-08-02 渔业资源开发利用技术人员	
2-03-09（GBM 20309）农业工程技术人员	2-03-09-00 农业工程技术人员	

续表

小类	细类（职业）	工种
2-03-99（GBM 20399）其他农业技术人员		

第四中类 2-04（GBM 20400）飞机和船舶技术人员

小类	细类（职业）	工种
2-04-01（GBM 20401）飞行人员和领航人员	2-04-01-01 飞行驾驶员 2-04-01-02 飞行机械员 2-04-01-03 飞行领航员 2-04-01-04 飞行通信员	
2-04-02（GBM 20402）船舶指挥和引航人员	2-04-02-01 甲板部技术人员 2-04-02-02 轮机部技术人员 2-04-02-03 船舶引航员	
2-04-99（GBM 20499）其他飞机和船舶技术人员		

第五中类 2-05（GBM 20500）卫生专业技术人员

小类	细类（职业）	工种
2-05-01（GBM 20501）临床和口腔医师	2-05-01-01　内科医师	
	2-05-01-02　外科医师	
	2-05-01-03　儿科医师	
	2-05-01-04　妇产科医师	
	2-05-01-05　眼科医师	
	2-05-01-06　耳鼻咽喉科医师	
	2-05-01-07　口腔科医师	
	2-05-01-08　皮肤科医师	
	2-05-01-09　精神科医师	
	2-05-01-10　传染病科医师	
	2-05-01-11　急诊科医师	
	2-05-01-12　康复科医师	
	2-05-01-13　麻醉科医师	
	2-05-01-14　病理科医师	
	2-05-01-15　放射科医师	
	2-05-01-16　核医学科医师	
	2-05-01-17　超声科医师	
	2-05-01-18　肿瘤科医师	
	2-05-01-19　全科医师	

续表

小类	细类（职业）	工种
	2-05-01-20　医学遗传科医师	
	2-05-01-21　妇幼保健医师	
	2-05-01-22　疼痛科医师	
	2-05-01-23　重症医学科医师	
	2-05-01-24　临床检验科医师	
	2-05-01-25　职业病科医师	
2-05-02（GBM 20502）中医医师	2-05-02-01　中医内科医师	
	2-05-02-02　中医外科医师	
	2-05-02-03　中医妇科医师	
	2-05-02-04　中医儿科医师	
	2-05-02-05　中医眼科医师	
	2-05-02-06　中医皮肤科医师	
	2-05-02-07　中医骨伤科医师	
	2-05-02-08　中医肛肠科医师	
	2-05-02-09　中医耳鼻咽喉科医师	
	2-05-02-10　针灸医师	
	2-05-02-11　中医推拿医师	
	2-05-02-12　中医营养医师	
	2-05-02-13　中医整脊科医师	

续表

小类	细类（职业）	工种
	2-05-02-14　中医康复医师	
	2-05-02-15　中医全科医师	
	2-05-02-16　中医亚健康医师	
2-05-03（GBM 20503）中西医结合医师	2-05-03-01　中西医结合内科医师	
	2-05-03-02　中西医结合外科医师	
	2-05-03-03　中西医结合妇科医师	
	2-05-03-04　中西医结合儿科医师	
	2-05-03-05　中西医结合骨伤科医师	
	2-05-03-06　中西医结合肛肠科医师	
	2-05-03-07　中西医结合皮肤与性病科医师	
2-05-04（GBM 20504）少数民族医医师	2-05-04-00　少数民族医医师	
2-05-05（GBM 20505）公共卫生与健康医师	2-05-05-01　疾病控制医师	
	2-05-05-02　健康教育医师	
	2-05-05-03　公共卫生医师	
2-05-06（GBM 20506）药学技术人员	2-05-06-01　药师	
	2-05-06-02　中药师	
	2-05-06-03　民族药师	

续表

小类	细类（职业）	工种
2-05-07（GBM 20507）医疗卫生技术人员	2-05-07-01 影像技师	
	2-05-07-02 口腔医学技师	
	2-05-07-03 病理技师	
	2-05-07-04 临床检验技师	
	2-05-07-05 公卫检验技师	
	2-05-07-06 卫生工程技师	
	2-05-07-07 输血技师	
	2-05-07-08 临床营养技师	
	2-05-07-09 消毒技师	
	2-05-07-10 肿瘤放射治疗技师	
	2-05-07-11 心电学技师	
	2-05-07-12 神经电生理脑电图技师	
	2-05-07-13 康复技师	
	2-05-07-14 心理治疗技师	
	2-05-07-15 病案信息技师	
	2-05-07-16 中医技师	
2-05-08（GBM 20508）护理人员	2-05-08-01 内科护士	
	2-05-08-02 儿科护士	
	2-05-08-03 急诊护士	

续表

小类	细类（职业）		工种
	2-05-08-04	外科护士	
	2-05-08-05	社区护士	
	2-05-08-06	助产士	
	2-05-08-07	口腔科护士	
	2-05-08-08	妇产科护士	
	2-05-08-09	中医护士	
2-05-09（GBM 20509）乡村医生	2-05-09-00	乡村医生	
2-05-10（GBM 20510）盲人医疗按摩人员	2-05-10-00	盲人医疗按摩人员	
2-05-99（GBM 20599）其他卫生专业技术人员			

第六中类　2-06（GBM 20600）经济和金融专业人员

小类	细类（职业）		工种
2-06-01（GBM 20601）经济专业人员	2-06-01-01	经济规划专业人员	
	2-06-01-02	合作经济专业人员	
	2-06-01-03	价格专业人员	
	2-06-01-04	易货经济专业人员	

续表

小类	细类（职业）	工种
2-06-02（GBM 20602）统计专业人员	2-06-02-00　统计专业人员	
2-06-03（GBM 20603）会计专业人员	2-06-03-00　会计专业人员	
2-06-04（GBM 20604）审计专业人员	2-06-04-00　审计专业人员	
2-06-05（GBM 20605）涉税服务专业人员	2-06-05-00　涉税服务专业人员	
2-06-06（GBM 20606）资产和资源评估专业人员	2-06-06-01　资产评估专业人员 2-06-06-02　房地产估价专业人员 2-06-06-03　森林资源评估专业人员 L 2-06-06-04　矿业权评估专业人员 2-06-06-05　海域海岛评估专业人员	
2-06-07（GBM 20607）商务专业人员	2-06-07-01　国际商务专业人员 2-06-07-02　市场营销专业人员 2-06-07-03　商务策划专业人员 2-06-07-04　品牌专业人员 2-06-07-05　会展策划专业人员 2-06-07-06　房地产开发专业人员	

续表

小类	细类（职业）		工种
	2-06-07-07	医药代表	
	2-06-07-08	管理咨询专业人员	
	2-06-07-09	拍卖师	
	2-06-07-10	物业经营管理专业人员	
	2-06-07-11	经纪与代理专业人员	
	2-06-07-12	报关人员	
	2-06-07-13	数字化管理师 S	
	2-06-07-14	企业合规师	
	2-06-07-15	招标采购专业人员	
	2-06-07-16	技术经理人	
	2-06-07-17	不动产确权登记专业人员	
2-06-08（GBM 20608）人力资源专业人员	2-06-08-01	人力资源管理专业人员	
	2-06-08-02	人力资源服务专业人员	
	2-06-08-03	职业信息分析专业人员	
	2-06-08-04	职业技术实训指导专业人员	
2-06-09（GBM 20609）银行专业人员	2-06-09-01	银行国库业务专业人员	
	2-06-09-02	银行金融市场业务专业人员	
	2-06-09-03	银行清算专业人员	
	2-06-09-04	信贷审核专业人员	

续表

小类	细类（职业）		工种
	2-06-09-05	银行国际业务专业人员	
	2-06-09-06	公司金融顾问	
2-06-10（GBM 20610）保险专业人员	2-06-10-01	精算专业人员	
	2-06-10-02	保险核保专业人员	
	2-06-10-03	保险理赔专业人员	
	2-06-10-04	保险资金运用专业人员	
2-06-11（GBM 20611）证券期货基金专业人员	2-06-11-01	证券保荐承销专业人员	
	2-06-11-02	证券交易专业人员	
	2-06-11-03	证券投资专业人员	
	2-06-11-04	金融产品销售专业人员	
	2-06-11-05	黄金投资专业人员	
	2-06-11-06	期货专业人员	
	2-06-11-07	基金专业人员	
2-06-12（GBM 20612）知识产权专业人员	2-06-12-01	专利代理专业人员	
	2-06-12-02	专利审查专业人员	
	2-06-12-03	专利管理专业人员	
	2-06-12-04	知识产权信息分析专业人员	
	2-06-12-05	版权管理专业人员	
	2-06-12-06	商标代理专业人员	

续表

小类	细类（职业）	工种
2-06-13（GBM 20613）社会保险专业人员	2-06-12-07 商标审查审理专业人员 2-06-12-08 商标管理专业人员 2-06-12-09 版权运营专业人员 2-06-13-00 医保经办专业人员	
2-06-14（GBM 20614）金融科技专业人员	2-06-14-00 金融科技师 S	
2-06-99（GBM 20699）其他经济和金融专业人员		

第七中类　2-07（GBM 20700）监察、法律、社会和宗教专业人员

小类	细类（职业）	工种
2-07-01（GBM 20701）监察人员	2-07-01-00 监察人员	
2-07-02（GBM 20702）法官	2-07-02-00 法官	
2-07-03（GBM 20703）检察官	2-07-03-00 检察官	
2-07-04（GBM 20704）律师	2-07-04-00 律师	
2-07-05（GBM 20705）公证员	2-07-05-00 公证员	

续表

小类	细类（职业）	工种
2-07-06（GBM 20706）司法鉴定人员	2-07-06-01 法医 2-07-06-02 物证鉴定人员	
2-07-07（GBM 20707）审判辅助人员	2-07-07-00 审判辅助人员	
2-07-08（GBM 20708）检察辅助人员	2-07-08-00 检察辅助人员	
2-07-09（GBM 20709）法律顾问	2-07-09-00 法律顾问	
2-07-10（GBM 20710）宗教教职人员	2-07-10-00 宗教教职人员	
2-07-11（GBM 20711）社会工作专业人员	2-07-11-01 社会工作者 2-07-11-02 社会组织专业人员 2-07-11-03 心理咨询师	
2-07-99（GBM 20799）其他监察、法律、社会和宗教专业人员		

第八中类 2-08（GBM 20800）教学人员

小类	细类（职业）	工种
2-08-01（GBM 20801）高等学校教师	2-08-01-01 普通高等学校教师	
	2-08-01-02 高等职业学校教师	
2-08-02（GBM 20802）中小学教师	2-08-02-01 高级中学教师	
	2-08-02-02 中等职业学校教师	
	2-08-02-03 初级中学教师	
	2-08-02-04 小学教师	
2-08-03（GBM 20803）幼儿园教师	2-08-03-00 幼儿园教师	
2-08-04（GBM 20804）特殊教育教师	2-08-04-00 特殊教育教师	
2-08-99（GBM 20899）其他教学人员		

第九中类 2-09（GBM 20900）文学艺术、体育专业人员

小类	细类（职业）	工种
2-09-01（GBM 20901）文艺创作与编导人员	2-09-01-01 文学作家	
	2-09-01-02 曲艺作家	
	2-09-01-03 剧作家	

续表

小类	细类（职业）	工种
	2-09-01-04 作曲家	
	2-09-01-05 词作家	
	2-09-01-06 导演	
	2-09-01-07 舞蹈编导	
	2-09-01-08 舞美设计	
2-09-02（GBM 20902）音乐指挥与演员	2-09-02-01 音乐指挥	
	2-09-02-02 电影电视演员	
	2-09-02-03 戏剧戏曲演员	
	2-09-02-04 舞蹈演员	
	2-09-02-05 曲艺演员	
	2-09-02-06 杂技魔术演员	
	2-09-02-07 歌唱演员	
	2-09-02-08 皮影戏木偶戏演员	
	2-09-02-09 民族乐器演奏员	
	2-09-02-10 外国乐器演奏员	
2-09-03（GBM 20903）电影电视制作专业人员	2-09-03-01 电影电视制片人	
	2-09-03-02 电影电视场记	
	2-09-03-03 电影电视摄影师	
	2-09-03-04 电影电视片发行人	

续表

小类	细类（职业）	工种
	2-09-03-05 电视导播	
	2-09-03-06 剪辑师	
2-09-04（GBM 20904）舞台专业人员	2-09-04-01 灯光师	
	2-09-04-02 音像师	
	2-09-04-03 美工师	
	2-09-04-04 化妆师	
	2-09-04-05 装置师	
	2-09-04-06 服装道具师	
	2-09-04-07 演出监督	
	2-09-04-08 演出制作人	
2-09-05（GBM 20905）美术专业人员	2-09-05-01 画家	
	2-09-05-02 篆刻家	
	2-09-05-03 雕塑家	
	2-09-05-04 书法家	
	2-09-05-05 摄影家	
2-09-06（GBM 20906）工艺美术与创意设计专业人员	2-09-06-01 视觉传达设计人员	
	2-09-06-02 服装设计人员	
	2-09-06-03 动画设计人员	
	2-09-06-04 环境设计人员	

续表

小类	细类（职业）	工种
	2-09-06-05 染织艺术设计人员	
	2-09-06-06 工艺美术专业人员	
	2-09-06-07 数字媒体艺术专业人员 S	
	2-09-06-08 公共艺术专业人员	
	2-09-06-09 陈列展览设计人员	
2-09-07（GBM 20907）体育专业人员	2-09-07-01 教练员	
	2-09-07-02 裁判员	
	2-09-07-03 运动员	
	2-09-07-04 运动防护师	
	2-09-07-05 体育经理人	
2-09-99（GBM 20999）其他文学艺术、体育专业人员		

第十中类　2-10（GBM 21000）新闻出版、文化专业人员

小类	细类（职业）	工种
2-10-01（GBM 21001）记者	2-10-01-01 文字记者	
	2-10-01-02 摄影记者	
2-10-02（GBM 21002）编辑	2-10-02-01 文字编辑	

续表

小类	细类（职业）	工种
	2-10-02-02　美术编辑	
	2-10-02-03　技术编辑	
	2-10-02-04　数字出版编辑 S	
	2-10-02-05　网络编辑 S	
	2-10-02-06　电子音乐编辑	
2-10-03（GBM 21003）校对员	2-10-03-00　校对员	
2-10-04（GBM 21004）播音员及节目主持人	2-10-04-01　播音员	
	2-10-04-02　节目主持人	
2-10-05（GBM 21005）翻译人员	2-10-05-00　翻译	
2-10-06（GBM 21006）图书资料与微缩摄影专业人员	2-10-06-01　文献信息专业人员	
	2-10-06-02　微缩摄影专业人员	
2-10-07（GBM 21007）档案专业人员	2-10-07-00　档案专业人员	
2-10-08（GBM 21008）考古及文物保护专业人员	2-10-08-01　考古专业人员	
	2-10-08-02　文物藏品专业人员	
	2-10-08-03　可移动文物保护专业人员	
	2-10-08-04　不可移动文物保护专业人员	
	2-10-08-05　文物展陈专业人员	

续表

小类	细类（职业）	工种
2-10-99（GBM 21099）其他新闻出版、文化专业人员		

第九十九中类 2-99（GBM 29900）其他专业技术人员

小类	细类（职业）	工种
2-99-00（GBM 29900）其他专业技术人员		

第三大类

办事人员和有关人员

第三大类　3（GBM 30000）办事人员和有关人员

第一中类　3-01（GBM 30100）行政办事及辅助人员

小类	细类（职业）		工种
3-01-01（GBM 30101）行政业务办理人员	3-01-01-01	行政办事员	司法所业务助理员
	3-01-01-02	政务服务办事员	
	3-01-01-03	统计调查员	
	3-01-01-04	社团会员管理员	
	3-01-01-05	劝募员	
3-01-02（GBM 30102）行政事务处理人员	3-01-02-01	机要员	机要通信业务员
	3-01-02-02	秘书	科研助理
	3-01-02-03	公关员	
	3-01-02-04	收发员	
	3-01-02-05	打字员	
	3-01-02-06	速录师	
	3-01-02-07	制图员	
	3-01-02-08	后勤管理员	
3-01-03（GBM 30103）行政执法及仲裁人员	3-01-03-01	行政执法员	烟草专卖管理员
	3-01-03-02	劳动人事争议仲裁员	
	3-01-03-03	农村土地承包仲裁员	

续表

小类	细类（职业）		工种
3-01-04（GBM 30104）社区和村镇工作人员	3-01-04-01	村务和社区工作者	
	3-01-04-02	城市管理网格员	
	3-01-04-03	劳动保障协理员	
	3-01-04-04	退役军人事务员	
	3-01-04-05	基层法律服务工作者	
	3-01-04-06	医疗保障专理员	
3-01-99（GBM 30199）其他行政办事及辅助人员			

第二中类 3-02（GBM 30200）安全和消防及辅助人员

小类	细类（职业）		工种
3-02-01（GBM 30201）人民警察	3-02-01-00	人民警察	
3-02-02（GBM 30202）保卫和警务辅助人员	3-02-02-01	保卫管理员	防暴指导员
	3-02-02-02	辅警	
3-02-03（GBM 30203）消防和应急救援人员	3-02-03-01	消防员	灭火救援员 搜救犬训导员 消防通信员 接警调度员

续表

小类	细类（职业）	工种
	3-02-03-02 消防指挥员	
	3-02-03-03 消防装备管理员	消防车驾驶员
		消防装备维护员
	3-02-03-04 消防安全管理员	
	3-02-03-05 消防监督检查员	防火监督检查员
		火灾事故调查员
	3-02-03-06 森林消防员 L	森林防火预防员
		森林防火通信员
		森林航空消防员
		森林火灾扑火员
		森林火灾扑救指挥员
	3-02-03-07 森林火情瞭望观察员 L	森林消防瞭望员
		森林航空护林观察员
	3-02-03-08 应急救援员	直升机紧急救护员
		工程应急救援员
		应急急救员
3-02-99（GBM 30299）其他安全和消防及辅助人员		

第三中类 3-03（GBM 30300）仲裁、调解及相关法律事务辅助人员

小类	细类（职业）	工种
3-03-01（GBM 30301）仲裁、调解及辅助人员 3-03-99（GBM 30399）其他仲裁、调解及相关法律事务辅助人员	3-03-01-01 仲裁员 3-03-01-02 仲裁秘书 3-03-01-03 调解员	劳动人事争议调解员

第九十九中类 3-99（GBM 39900）其他办事人员和有关人员

小类	细类（职业）	工种
3-99-00（GBM 39900）其他办事人员和有关人员		

第四大类

社会生产服务和生活服务人员

第四大类 4（GBM 40000）社会生产服务和生活服务人员

第一中类 4-01（GBM 40100）批发与零售服务人员

小类	细类（职业）		工种
4-01-01（GBM 40101）购销服务人员	4-01-01-00	采购员	
4-01-02（GBM 40102）销售人员	4-01-02-01	营销员	外贸营销员
	4-01-02-03	商品营业员	
	4-01-02-04	收银员	
	4-01-02-05	摊商	
	4-01-02-06	连锁经营管理师	
4-01-03（GBM 40103）贸易经纪代理人员	4-01-03-01	农产品经纪人	粮食经纪人
	4-01-03-02	粮油竞价交易员	
	4-01-03-03	易货师	
	4-01-03-04	二手车经纪人	
4-01-04（GBM 40104）再生物资回收人员	4-01-04-00	再生物资回收挑选工 L	再生物资回收工
			再生物资挑选工
4-01-05（GBM 40105）特殊商品购销人员	4-01-05-01	农产品购销员	粮油购销员
			农副土特产品收购员
			农产品品相管理员
			活体水产品购销员

续表

小类	细类（职业）	工种
	4-01-05-02 医药商品购销员	药品购销员 医疗器械购销员 中药材购销员 中药饮片购销员 中药调剂员
	4-01-05-03 出版物发行员	
	4-01-05-04 烟草制品购销员	
4-01-06（GBM 40106）电子商务服务人员	4-01-06-01 电子商务师 S	网商 跨境电子商务师 电商咨询师
	4-01-06-02 互联网营销师 S	直播销售员 商品选品员 视频创推员 平台管理员
4-01-99（GBM 40199）其他批发与零售服务人员		

第二中类 4-02（GBM 40200）交通运输、仓储物流和邮政业服务人员

小类	细类（职业）	工种
4-02-01（GBM 40201）轨道交通运输服务人员	4-02-01-01 轨道交通列车司机 L	电力机车司机
		动车组司机
		内燃机车司机
		城市轨道交通列车司机
		厂矿用机车司机
		动力集中型电力动车组司机
		动力集中型内燃动车组司机
		城市轨道交通工程车司机
	4-02-01-02 铁路列车乘务员	列车员
		列车长
		餐车长
		列车值班员
	4-02-01-03 铁路车站客运服务员	铁路车站综控员
		铁路客运员
		客运计划员
		铁路客户服务员
		客车给水员
		客运值班员
		售票值班员

· 55 ·

续表

小类	细类（职业）	工种
		铁路售票员
		铁路客运安检员
	4-02-01-04　铁路行包运输服务员	行李值班员
		铁路行李员
		行李计划员
	4-02-01-05　铁路车站货运服务员	铁路货运员
		货运调度员
		货运检查员
		货检值班员
		货装值班员
		铁路货运装卸司机
		铁路货运电动起重机司机
	4-02-01-06　轨道交通调度员	铁路运输调度员
		城市轨道交通行车调度员
		城市轨道交通设备调度员
		城市轨道交通车场调度员
	4-02-01-07　城市轨道交通服务员	城市轨道交通站务员
		城市轨道交通行车值班员

续表

小类	细类（职业）	工种
4-02-02（GBM 40202）道路运输服务人员	4-02-02-01 客运车辆驾驶员 L	客车司机 城市公共汽电车司机 巡游出租汽车司机 网络预约出租汽车司机
	4-02-02-02 道路货运汽车驾驶员 L	货运汽车司机 低速载货汽车司机 超重型汽车列车司机 超重型汽车列车挂车工
	4-02-02-03 道路客运服务员	道路客运站务员 道路客运乘务员
	4-02-02-04 道路货运业务员	道路货运站务员 货运业务信息员 网络货运员
	4-02-02-05 道路运输调度员	道路客运调度员 道路货运调度员
	4-02-02-06 公路收费及监控员	车辆通行费收费员
	4-02-02-07 机动车驾驶教练员	
	4-02-02-08 油气电站操作员	加油站操作员 车用加气站操作员

续表

小类	细类（职业）	工种
	4-02-02-09 汽车救援员	
4-02-03（GBM 40203）水上运输服务人员	4-02-03-01 客运船舶驾驶员	
	4-02-03-02 船舶业务员	船舶客运员 船舶货运员
	4-02-03-03 港口客运员	港口客服员 港口行李员
	4-02-03-04 水上救生员	船艇救生员 潜水救生员 直升机救生员
	4-02-03-05 航标工	无线电航标操作工 视觉航标工
4-02-04（GBM 40204）航空运输服务人员	4-02-04-01 民航乘务员	
	4-02-04-02 航空运输地面服务员	民航客运员 民航货运员
	4-02-04-03 机场运行指挥员	
	4-02-04-04 航空安全员	
	4-02-04-05 机场场务员	机场场道维护员 机场生态与鸟防员

续表

小类	细类（职业）	工种
	4-02-04-06 无人机驾驶员	植保无人机驾驶员
		安防无人机驾驶员
		航拍无人机驾驶员
		巡检无人机驾驶员
		物流无人机驾驶员
4-02-05（GBM 40205）装卸搬运和运输代理服务人员	4-02-05-01 装卸搬运工	
	4-02-05-02 客运售票员	道路客运售票员
		港口售票员
		民航售票员
	4-02-05-03 货运代理服务员	货运代办业务员
	4-02-05-04 危险货物运输作业员	道路危险货物运输员
		水路危险货物运输员
4-02-06（GBM 40206）仓储物流服务人员	4-02-06-01 仓储管理员	盐斤收放保管工
		粮油保管员
		粮库中控工
		烟叶仓管员
		航空器材员
		棉花保管员

续表

小类	细类（职业）	工种
4-02-07（GBM 40207）邮政和快递服务人员	4-02-06-02　理货员	商品理货员 汽车货运理货员 船舶理货员 港口理货员
	4-02-06-03　物流服务师 L	医药商品物流员 冷链物流员 危化品物流员 烟草物流员
	4-02-06-04　冷藏工	制冰工
	4-02-06-05　供应链管理师 S	
	4-02-07-01　邮政营业员	
	4-02-07-02　邮件分拣员	国内邮件分拣员 国际邮件分拣员
	4-02-07-03　邮件转运员	国内邮件接发员 国际邮件接发员 火车邮件押运员 汽车邮件驾押员
	4-02-07-04　邮政投递员	
	4-02-07-05　报刊业务员	

续表

小类	细类（职业）	工种
	4-02-07-06 集邮业务员	
	4-02-07-07 邮政市场业务员	
	4-02-07-08 快递员	快件揽收员 快件派送员
	4-02-07-09 快件处理员	快递信息处理员 国内快件处理员 国际快件处理员
	4-02-07-10 国际快递业务师	
	4-02-07-11 快递站点管理师	
4-02-99（GBM 40299）其他交通运输、仓储物流和邮政业服务人员		

第三中类　4-03（GBM 40300）住宿和餐饮服务人员

小类	细类（职业）	工种
4-03-01（GBM 40301）住宿服务人员	4-03-01-01 前厅服务员 4-03-01-02 客房服务员 4-03-01-03 旅店服务员	宾客行李员

续表

小类	细类（职业）	工种
4-03-02（GBM 40302）餐饮服务人员	4-03-02-01　中式烹调师	药膳制作师 火锅料理师
	4-03-02-02　中式面点师	
	4-03-02-03　西式烹调师	
	4-03-02-04　西式面点师	
	4-03-02-05　餐厅服务员	
	4-03-02-06　营养配餐员	
	4-03-02-07　茶艺师	
	4-03-02-08　咖啡师	
	4-03-02-09　调酒师	
	4-03-02-10　调饮师	
	4-03-02-11　食品安全管理师	冷链食品安全管理员
	4-03-02-12　侍酒师	
	4-03-02-13　宴会定制服务师	
4-03-99（GBM 40399）其他住宿和餐饮服务人员		

第四中类 4-04（GBM 40400）信息传输、软件和信息技术服务人员

小类	细类（职业）	工种
4-04-01（GBM 40401）信息通信业务人员	4-04-01-01 信息通信营业员	
	4-04-01-02 信息通信业务员	
4-04-02（GBM 40402）信息通信网络维护人员	4-04-02-01 信息通信网络机务员 S	微波通信机务员 卫星通信机务员 数据通信机务员 移动通信机务员 短波通信机务员 传输机务员 交换机务员 电力通信运维员 数据中心运行维护管理员
	4-04-02-02 信息通信网络线务员	通信网络电缆线务员 天线线务员 宽带接入装维员 综合布线装维员 光缆线务员 信息通信网络施工员
	4-04-02-03 信息通信网络动力机务员 S	
	4-04-02-04 信息通信网络测量员	

续表

小类	细类（职业）	工种
	4-04-02-05 无线电监测与设备运维员 S	无线电监测员 无线电监测设备测试员 无线电设备运维员
4-04-03（GBM 40403）广播电视传输服务人员	4-04-03-01 广播电视天线工	中、短波广播天线工 电视调频天线工
	4-04-03-02 广播电视机线员	广播电视机务员 广播电视数据员 广播电视线务员
4-04-04（GBM 40404）信息通信网络运行管理人员	4-04-04-01 信息通信网络运行管理员 S	通信网络管理员 互联网网络管理员 应急通信管理员
	4-04-04-02 网络与信息安全管理员 S	网络安全管理员 信息安全管理员 网络信息审核员 数据安全管理员 网络安全咨询员 关键信息基础设施安全监测防护技术员

续表

小类	细类（职业）		工种
4-04-05（GBM 40405）软件和信息技术服务人员	4-04-04-03	信息通信信息化系统管理员 S	
	4-04-04-04	信息安全测试员 S	渗透测试员 合规测试员 个人信息保护合规管理员
	4-04-04-05	数字化解决方案设计师 S	
	4-04-04-06	密码技术应用员 S	
	4-04-05-01	计算机程序设计员 S	
	4-04-05-02	计算机软件测试员 S	
	4-04-05-03	呼叫中心服务员	
	4-04-05-04	数据库运行管理员 S	
	4-04-05-05	人工智能训练师 S	数据标注员 人工智能算法测试员
	4-04-05-06	区块链应用操作员 S	
	4-04-05-07	服务机器人应用技术员 S	
	4-04-05-08	电子数据取证分析师 S	
	4-04-05-09	信息系统适配验证师 S	
	4-04-05-10	数字孪生应用技术员 S	
	4-04-05-11	虚拟现实产品设计师 S	

续表

小类	细类（职业）	工种
4-04-99（GBM 40499）其他信息传输、软件和信息技术服务人员		

第五中类　4-05（GBM 40500）金融服务人员

小类	细类（职业）	工种
4-05-01（GBM 40501）银行服务人员	4-05-01-01　银行综合柜员 4-05-01-02　银行信贷员 4-05-01-03　银行客户业务员 4-05-01-04　银行信用卡业务员	邮政储汇业务员 小微信贷员
4-05-02（GBM 40502）证券期货服务人员	4-05-02-00　证券期货服务师	
4-05-03（GBM 40503）保险服务人员	4-05-03-01　保险代理人 4-05-03-02　保险保全员 4-05-03-03　保险公估人 4-05-03-04　保险经纪人	
4-05-04（GBM 40504）典当服务人员	4-05-04-01　典当业务员 4-05-04-02　鉴定估价师	珠宝首饰评估师 名贵钟表鉴定师

续表

小类	细类（职业）	工种
4-05-05（GBM 40505）信托和资产管理服务人员	4-05-05-01 信托业务员 4-05-05-02 资产管理师	机动车鉴定评估师 二手工程机械评估师 数字资产管理师 品牌资产评价师
4-05-99（GBM 40599）其他金融服务人员		

第六中类　4-06（GBM 40600）房地产服务人员

小类	细类（职业）	工种
4-06-01（GBM 40601）物业管理服务人员	4-06-01-01 物业管理师 4-06-01-02 中央空调系统运行操作员 4-06-01-03 停车管理员 4-06-01-04 智能楼宇管理员 S	
4-06-02（GBM 40602）房地产开发与交易服务人员	4-06-02-01 房地产经纪人 4-06-02-02 房地产策划师 4-06-02-03 验房师	室内装修验房师

续表

小类	细类（职业）	工种
4-06-99（GBM 40699）其他房地产服务人员		

第七中类　4-07（GBM 40700）租赁和商务服务人员

小类	细类（职业）	工种
4-07-01（GBM 40701）租赁和拍卖业务人员	4-07-01-01　租赁业务员	汽车租赁业务员 工程机械租赁业务员
	4-07-01-02　拍卖服务师	拍品审鉴师 拍卖运营师 拍卖业务员
4-07-02（GBM 40702）商务咨询服务人员	4-07-02-01　风险管理师	企业风险管理师 金融风险管理师 公共风险管理师
	4-07-02-02　科技咨询师	
	4-07-02-03　客户服务管理员	
	4-07-02-04　信用管理师	数据治理员 尽职调查员 模型开发师

续表

小类	细类（职业）	工种
4-07-03（GBM 40703）人力资源服务人员	4-07-02-05　商务数据分析师 S 4-07-03-01　职业指导师	信用分析师 信用评价师 贸易数据申报师 残疾人就业辅导员 残疾人职业能力评估师 职业生涯规划师
	4-07-03-02　劳动关系协调师 4-07-03-03　创业指导师	
	4-07-03-04　企业人力资源管理师	薪税师 企业培训师 劳动定员定额师 人才测评师
	4-07-03-05　职业培训师 4-07-03-06　劳务派遣管理员 4-07-03-07　劳务经纪人 4-07-03-08　招聘师	职业技能训练师
4-07-04（GBM 40704）旅游及公共游览场所服务人员	4-07-04-01　导游 4-07-04-02　旅游团队领队	

续表

小类	细类（职业）	工种
	4-07-04-03 旅行社计调	旅游定制服务师
	4-07-04-04 旅游咨询员	
	4-07-04-05 公共游览场所服务员	
	4-07-04-06 休闲农业服务员	
	4-07-04-07 景区运营管理师	
4-07-05（GBM 40705）安全保护服务人员	4-07-05-01 保安员	
	4-07-05-02 安检员	民航安全检查员 邮件快件安检员
	4-07-05-03 消防设施操作员	消防设施监控操作员 消防设施检测维保员
	4-07-05-04 安全防范系统安装维护员	
4-07-06（GBM 40706）市场管理服务人员	4-07-06-01 商品监督员	广告合规审查员
	4-07-06-02 商品防损员	
	4-07-06-03 市场管理员	
4-07-07（GBM 40707）会议及展览服务人员	4-07-07-01 会展服务师	会展场馆管理师 会议接待服务师
	4-07-07-02 装饰美工	油画外框制作工
	4-07-07-03 模特	

续表

小类	细类（职业）	工种
4-07-99（GBM 40799）其他租赁和商务服务人员		

第八中类 4-08（GBM 40800）技术辅助服务人员

小类	细类（职业）	工种
4-08-01（GBM 40801）气象服务人员	4-08-01-01 航空气象员 S	航空气象观测员 航空气象雷达设备机务员 航空气象自动观测系统机务员 航空气象信息系统机务员 航空气象情报员
	4-08-01-02 人工影响天气特种作业操作员	
4-08-02（GBM 40802）海洋服务人员	4-08-02-01 海洋水文气象观测员 L	
	4-08-02-02 海洋浮标工	
	4-08-02-03 海洋水文调查员 L	
	4-08-02-04 海洋生物调查员 L	
4-08-03（GBM 40803）测绘服务人员	4-08-03-01 大地测量员 L/S	
	4-08-03-02 摄影测量员 L/S	

续表

小类	细类（职业）		工种
	4-08-03-03	地图绘制员	
	4-08-03-04	工程测量员 S	地质测量员
			矿山测量员
	4-08-03-05	不动产测绘员	地籍测绘员
			房产测量员
			行政区域界线测绘员
	4-08-03-06	海洋测绘员 L/S	
	4-08-03-07	无人机测绘操控员 L	
4-08-04（GBM 40804）地理信息服务人员	4-08-04-01	地理信息采集员 L	实景地理信息采集员
			多维地理信息采集员
			兴趣点地理信息采集员
			地理国情信息调查员
	4-08-04-02	地理信息处理员 L	地理信息建库员
			地理信息建模员
			地理信息工程操控员
			导航地理信息制作员
			地理国情处理员
	4-08-04-03	地理信息应用作业员 L	导航与位置服务作业员

续表

小类	细类（职业）	工种
4-08-05（GBM 40805）检验、检测和计量服务人员	4-08-05-01 农产品食品检验员 L	互联网地图服务作业员 地理国情统计分析员 农产品质量安全检测员 粮油质量检验员 食品检验员
	4-08-05-02 纤维检验员	
	4-08-05-03 贵金属首饰与宝玉石检测员	贵金属首饰检验员 钻石检验员 玉石检验员 宝石检验员 有机宝石检验员
	4-08-05-04 药物检验员	兽药检验员 药物分析员 药物微生物检定员 药理毒理试验员
	4-08-05-05 机动车检测工	
	4-08-05-06 计量员	长度计量员 热工计量员

续表

小类	细类（职业）	工种
	4-08-05-07 电子电气产品检验员 L	电学计量员 化学计量员 声学计量员 光学计量员 电离辐射计量员 力学计量员 无线电计量员 时间频率计量员 电气电子产品环保检测员 电子电气产品安全检验员 电子电气产品环境试验检验员 电子电气产品能效检验员
	4-08-05-08 公路水运工程试验检测员	
	4-08-05-09 建设工程质量检测员	
4-08-06（GBM 40806）环境监测服务人员	4-08-06-00 环境监测员 L	辐射环境监测员 海洋环境监测员 水环境监测员 大气环境监测员 固体废物监测员

续表

小类	细类（职业）	工种
4-08-07（GBM 40807）地质勘查人员	4-08-07-01 地勘钻探工	环境噪声与振动监测员 嗅辨员 固体矿产钻探工 水文水井钻探工 工程地质工程施工钻探工
	4-08-07-02 地勘掘进工	
	4-08-07-03 物探工	重力勘探工 磁法勘探工 电法勘探工 地震勘探工 核物探工
	4-08-07-04 地质调查员 L	区域地质调查员 矿产地质调查员 海洋地质调查员 环境地质调查员 水文地质调查员 工程地质调查员 地质灾害调查员 农业地质调查员

续表

小类	细类（职业）	工种
	4-08-07-05　地质实验员	矿山地质调查员 地质采样工 地质样品制备工 岩矿鉴定员 实验测试员
4-08-08（GBM 40808）专业化设计服务人员	4-08-08-01　花艺环境设计师 4-08-08-02　纺织面料设计师 4-08-08-03　家用纺织品设计师 4-08-08-04　色彩搭配师 4-08-08-05　工艺美术品设计师 4-08-08-06　装潢美术设计师 4-08-08-07　室内装饰设计师 4-08-08-08　广告设计师 4-08-08-09　包装设计师 4-08-08-10　玩具设计师 4-08-08-11　首饰设计师 4-08-08-12　家具设计师 4-08-08-13　陶瓷产品设计师 4-08-08-14　彩灯艺术设计师	装修污染管控师

续表

小类	细类（职业）	工种
	4-08-08-15 地毯设计师	
	4-08-08-16 皮具设计师	
	4-08-08-17 鞋类设计师	
	4-08-08-18 灯具设计师	
	4-08-08-19 照明设计师	
	4-08-08-20 形象设计师	
	4-08-08-21 会展设计师	
	4-08-08-22 建筑幕墙设计师	
	4-08-08-23 建筑信息模型技术员 L/S	
	4-08-08-24 乐器设计师	
	4-08-08-25 斫琴师	
	4-08-08-26 工业设计工艺师 S	
	4-08-08-27 钟表设计师	
	4-08-08-28 漆艺师	
	4-08-08-29 桌面游戏设计师 S	
4-08-09（GBM 40809）摄影扩印服务人员	4-08-09-01 商业摄影师	
	4-08-09-02 冲印师	数码冲印师 暗室师

· 77 ·

续表

小类	细类（职业）	工种
4-08-10（GBM 40810）生产现场技术工艺人员	4-08-10-01 陶瓷工艺师 4-08-10-02 化工生产现场技术员	化工工艺技术员 化工自动控制技术员
4-08-99（GBM 40899）其他技术辅助服务人员		

第九中类　4-09（GBM 40900）水利、环境和公共设施管理服务人员

小类	细类（职业）	工种
4-09-01（GBM 40901）水利设施管理养护人员	4-09-01-01 河道修防工 4-09-01-02 水工混凝土维修工 4-09-01-03 水工土石维修工 4-09-01-04 水工监测工 4-09-01-05 水工闸门运行工	
4-09-02（GBM 40902）水文服务人员	4-09-02-01 水文勘测工 4-09-02-02 水文勘测船工	
4-09-03（GBM 40903）水土保持人员	4-09-03-00 水土保持员 L	水土保持治理工 水土保持监测工

续表

小类	细类（职业）	工种
4-09-04（GBM 40904）农田灌排人员	4-09-04-00 灌区管理工	渠道维护工 灌区供水工 灌排工程工 灌排泵站运行工
4-09-05（GBM 40905）自然保护区和草地监护人员	4-09-05-01 自然保护区巡护监测员 L	自然保护区环境巡护监测工 自然保护区检查工 自然保护区社区共管联络工
	4-09-05-02 草地监护员 L	草地监测员 草地管护员
4-09-06（GBM 40906）野生动植物保护人员	4-09-06-01 野生动物保护员 L	野生动物饲养繁殖工 野生动物实验辅助工 导猎员 野生动物疫病防治工 野生动物监测工 野生动物管护工 野生动物产品采集加工利用工
	4-09-06-02 野生植物保护员 L	野生植物培植工 野生植物采集工 野生植物监测工

续表

小类	细类（职业）	工种
4-09-07（GBM 40907）环境治理服务人员	4-09-06-03 标本员	野生植物救护工
		野生植物管护巡护工
		禽兽类动物标本采集制作工
		植物标本采集制作工
		昆虫标本采集制作工
		菌物标本采集制作工
		标本保管员
	4-09-06-04 展出动物保育员	水生哺乳动物驯养员
		观赏鱼养殖工
	4-09-07-01 污水处理工 L	城镇污水处理工
		污泥处理工
	4-09-07-02 工业固体废物处理处置工 L	
	4-09-07-03 危险废物处理工 L	医疗废弃物处理工
		工业危险废物处理工
	4-09-07-04 碳排放管理员 L	民航碳排放管理员
		碳排放监测员
		碳排放核算员
		碳排放核查员
		碳排放交易员

续表

小类	细类（职业）	工种
		碳排放咨询员
	4-09-07-05 碳汇计量评估师 L/S	
	4-09-07-06 建筑节能减排咨询师	
4-09-08（GBM 40908）环境卫生服务人员	4-09-08-01 保洁员 L	清扫工
		公厕保洁员
		高空外墙清洗员
		水面保洁员
	4-09-08-02 生活垃圾清运工 L	粪便清运工
		生活垃圾收集工
		餐厨垃圾收集工
		生活垃圾转运分拣工
	4-09-08-03 生活垃圾处理工 L	生活垃圾填埋作业工
		生活垃圾焚烧操作工
		餐厨垃圾处理工
		生活垃圾堆肥操作工
		粪便处理工
4-09-09（GBM 40909）有害生物防制人员	4-09-09-00 有害生物防制员 L	白蚁防治工
		死畜无害化处理工

续表

小类	细类（职业）	工种
4-09-10（GBM 40910）绿化与园艺服务人员	4-09-10-01 园林绿化工 L	花卉园艺工 园林植保工 绿化造园工 园林养护工 园林修剪工
	4-09-10-02 草坪园艺师	草坪建植工 草坪管护工 草坪检测工 运动场草坪管理师
	4-09-10-03 盆景师	树桩盆景工 山石盆景工
	4-09-10-04 假山工	塑石工 山石工
	4-09-10-05 插花花艺师	
4-09-99（GBM 40999）其他水利、环境和公共设施管理服务人员		

第十中类 4-10（GBM 41000）居民服务人员

小类	细类（职业）		工种
4-10-01（GBM 41001）生活照料服务人员	4-10-01-01	婴幼儿发展引导员	育婴员
	4-10-01-03	保育师	托育师
	4-10-01-04	孤残儿童护理员	
	4-10-01-05	养老护理员	失智老年人照护员
	4-10-01-06	家政服务员	母婴护理员
			整理收纳师
			家务服务员
			家庭照护员
4-10-02（GBM 41002）服装裁剪和洗染织补人员	4-10-02-01	裁缝	
	4-10-02-02	洗衣师	
	4-10-02-03	染色师	
	4-10-02-04	皮革护理师	
	4-10-02-05	织补师	
4-10-03（GBM 41003）美容美发和浴池服务人员	4-10-03-01	美容师	皮肤管理师
	4-10-03-02	美发师	
	4-10-03-03	美甲师	
	4-10-03-04	浴池服务员	
	4-10-03-05	修脚师	

续表

小类	细类（职业）	工种
4-10-04（GBM 41004）保健服务人员	4-10-04-01　保健调理师	保健刮痧师 保健艾灸师 保健拔罐师 保健砭术师 藏药调理师
	4-10-04-02　保健按摩师	脊柱按摩师 足部按摩师 反射疗法师
	4-10-04-03　芳香保健师	植物精油调理师
4-10-05（GBM 41005）婚姻服务人员	4-10-05-01　婚介师	
	4-10-05-02　婚礼策划师	
	4-10-05-03　婚姻家庭咨询师	
4-10-06（GBM 41006）殡葬服务人员	4-10-06-01　殡仪服务员	遗体接运工 殡葬礼仪师
	4-10-06-02　遗体防腐整容师	遗体防腐师 遗体整容师
	4-10-06-03　遗体火化师	
	4-10-06-04　公墓管理员	墓地管理员 骨灰管理员

续表

小类	细类（职业）	工种
4-10-07（GBM 41007）宠物服务人员	4-10-07-01 宠物健康护理员 4-10-07-02 宠物驯导师 4-10-07-03 宠物美容师	
4-10-08（GBM 41008）社区生活服务人员	4-10-08-01 网约配送员 4-10-08-02 汽车代驾员	
4-10-99（GBM 41099）其他居民服务人员		

第十一中类 4-11（GBM 41100）电力、燃气及水供应服务人员

小类	细类（职业）	工种
4-11-01（GBM 41101）电力供应服务人员	4-11-01-01 供电服务员	用电客户受理员 电力调度员 用电检查员 装表接电工 农网配电营业工
	4-11-01-02 电力交易员	
	4-11-01-03 综合能源服务员 L	综合能源运维员

续表

小类	细类（职业）	工种
4-11-02（GBM 41102）燃气供应服务人员	4-11-02-00 燃气供应服务员	管道燃气客服员 瓶装气客服员 生活燃煤供应工
4-11-03（GBM 41103）水供应服务人员	4-11-03-01 水供应服务员	供排水客户服务员 供水稽查员 水表装修工
	4-11-03-02 村镇供水员	
4-11-99（GBM 41199）其他电力、燃气及水供应服务人员		

第十二中类　4-12（GBM 41200）修理及制作服务人员

小类	细类（职业）	工种
4-12-01（GBM 41201）汽车摩托车修理技术服务人员	4-12-01-01 汽车维修工	汽车维修检验工 汽车机械维修工 汽车电器维修工 汽车玻璃维修工 汽车美容装潢工 汽车车身整形修复工

续表

小类	细类（职业）	工种
		汽车车身涂装修复工
		二手车整备工
		新能源汽车维修工
		智能汽车维修工
	4-12-01-02 摩托车修理工	
	4-12-01-03 电池及电池系统维修保养师 L	废旧电池及电池系统处置员
		电池及电池系统维护员
4-12-02（GBM 41202）计算机和办公设备维修人员	4-12-02-01 计算机维修工	计算机板级维修工
		计算机芯片级维修工
	4-12-02-02 办公设备维修工	复印打印设备维修工
		幻灯机与投影机维修工
	4-12-02-03 信息通信网络终端维修员 S	
4-12-03（GBM 41203）家用电子电器产品维修人员	4-12-03-01 家用电器产品维修工	家用空调器维修工
		家用电冰箱维修工
		家用洗衣机维修工
		家用电热水器维修工
	4-12-03-02 家用电子产品维修工	家用音频产品维修工
		家用视频产品维修工

续表

小类	细类（职业）	工种
4-12-04（GBM 41204）日用产品修理服务人员	4-12-04-01 自行车与电动自行车维修工 4-12-04-02 修鞋工 4-12-04-03 钟表维修工 4-12-04-04 锁具修理工 4-12-04-05 燃气具安装维修工 4-12-04-06 照相器材维修工	照相机与辅助器材维修工 冲印彩扩设备维修工
4-12-05（GBM 41205）乐器维修人员	4-12-05-01 乐器维修工 4-12-05-02 钢琴调律师	
4-12-06（GBM 41206）印章制作人员	4-12-06-00 印章制作工	
4-12-99（GBM 41299）其他修理及制作服务人员		

第十三中类　4-13（GBM 41300）文化和教育服务人员

小类	细类（职业）	工种
4-13-01（GBM 41301）社会文化活动服务人员	4-13-01-01 群众文化指导员 4-13-01-02 礼仪主持人	互联网服务场所管理员

续表

小类	细类（职业）	工种
	4-13-01-03　讲解员	
	4-13-01-04　文化经纪人	
	4-13-01-05　全媒体运营师 S	
	4-13-01-06　档案数字化管理师 S	
	4-13-01-07　图书馆服务员	
	4-13-01-08　手语翻译	
4-13-02（GBM 41302）广播、电视、电影和影视录音制作人员	4-13-02-01　影视置景制作员	
	4-13-02-02　动画制作员	
	4-13-02-03　影视烟火特效员	
	4-13-02-04　电影洗印员	
	4-13-02-05　电影放映员	口述影像讲述员
	4-13-02-06　音响调音员	
	4-13-02-07　照明工	
	4-13-02-08　影视服装员	
	4-13-02-09　电视摄像员	
4-13-03（GBM 41303）考古及文物保护作业人员	4-13-03-01　考古探掘工	考古勘探工 考古发掘工
	4-13-03-02　文物修复师	壁画彩塑文物修复师 纺织品文物修复师

续表

小类	细类（职业）		工种
			复合材质文物修复师
			金属文物修复师
			石质文物修复师
			陶瓷、玻璃文物修复师
			油画文物修复师
			纸张、书画文物修复师
			出土（水）竹木漆、牙、角器文物修复师
			土遗址文物修复师
			木作文物修复师
			石作文物修复师
			油漆作文物修复师
			彩画作文物修复师
			泥瓦作文物修复师
			钟表文物修复师
4-13-04（GBM 41304）教育服务人员	4-13-04-01	在线学习服务师	
	4-13-04-02	国防教育辅导员	
	4-13-04-03	家庭教育指导师	儿童发育指导师
	4-13-04-04	研学旅行指导师	

续表

小类	细类（职业）	工种
4-13-99（GBM 41399）其他文化和教育服务人员		

第十四中类 4-14（GBM 41400）健康、体育和休闲服务人员

小类	细类（职业）	工种
4-14-01（GBM 41401）医疗辅助服务人员	4-14-01-01 医疗临床辅助服务员	病案员 妇幼保健员 西药药剂员 中药药剂员 配膳员 卫生检验员 医疗救护员 医院污水处理工
	4-14-01-02 医疗护理员	护工
	4-14-01-03 健康照护师	长期照护师
	4-14-01-04 呼吸治疗师	
4-14-02（GBM 41402）健康咨询服务人员	4-14-02-01 营养师	营养指导员 公共营养师

续表

小类	细类（职业）	工种
	4-14-02-02 健康管理师	运动营养师 儿童感觉统合训练师
	4-14-02-03 生殖健康咨询师	
	4-14-02-04 出生缺陷防控咨询师	
	4-14-02-05 老年人能力评估师	
4-14-03（GBM 41403）康复矫正服务人员	4-14-03-01 助听器验配师	
	4-14-03-02 口腔修复体制作师	
	4-14-03-03 眼镜验光师	
	4-14-03-04 眼镜定配工	
	4-14-03-05 听觉口语师	
	4-14-03-06 康复辅助技术咨询师	
4-14-04（GBM 41404）公共卫生辅助服务人员	4-14-04-01 防疫员	
	4-14-04-02 消毒员	
	4-14-04-03 公共场所卫生管理员	
	4-14-04-04 社群健康助理员	
4-14-05（GBM 41405）体育健身和娱乐场所服务人员	4-14-05-01 社会体育指导员	游泳指导员 滑雪指导员 潜水指导员 攀岩指导员

续表

小类	细类（职业）	工种
	4-14-05-02　体育场馆管理员	压雪车驾驶员 浇冰师 高尔夫球童
	4-14-05-03　游泳救生员	自然水域救生员 游泳池救生员
	4-14-05-04　康乐服务员	
	4-14-05-05　体育经纪人	
	4-14-05-06　电子竞技运营师	
	4-14-05-07　电子竞技员 S	
4-14-06（GBM 41406）康养、休闲服务人员	4-14-06-01　森林园林康养师	森林康养师 园林康养师
	4-14-06-02　民宿管家	
4-14-99（GBM 41499）其他健康、体育和休闲服务人员		

第九十九中类　4-99（GBM 49900）其他社会生产服务和生活服务人员

小类	细类（职业）	工种
4-99-00（GBM 49900）其他社会生产服务和生活服务人员		

第五大类

农、林、牧、渔业生产及辅助人员

第五大类　5（GBM 50000）农、林、牧、渔业生产及辅助人员

第一中类　5-01（GBM 50100）农业生产人员

小类	细类（职业）	工种
5-01-01（GBM 50101）作物种子（苗）繁育生产人员	5-01-01-01　种子繁育员	作物制种工
		饲草种子繁育工
		种子加工工
	5-01-01-02　种苗繁育员	蔬菜种苗工
		花卉种苗工
		桑树育苗工
		果树育苗工
		茶树育苗工
		橡胶育苗工
5-01-02（GBM 50102）农作物生产人员	5-01-02-01　农艺工	粮食作物栽培工
		糖料作物栽培工
		棉花栽培工
		油料作物栽培工
		麻料作物栽培工
		烟类作物栽培工
		啤酒花栽培工
		牧草栽培工

续表

小类	细类（职业）	工种
	5-01-02-02 园艺工	蔬菜栽培工 花卉栽培工 果树栽培工 桑树栽培工 茶树栽培工
	5-01-02-03 食用菌生产工	
	5-01-02-04 热带作物栽培工	剑麻栽培工 橡胶栽培工 橡胶割胶工
	5-01-02-05 中药材种植员	藏药材种植员 蒙药材种植员
5-01-99（GBM 50199）其他农业生产人员		

第二中类 5-02（GBM 50200）林业生产人员

小类	细类（职业）	工种
5-02-01（GBM 50201）林草种苗繁育人员	5-02-01-00 林草种苗工 L	林草种子工 苗木培育工

续表

小类	细类（职业）	工种
5-02-02（GBM 50202）营造林人员	5-02-02-00 造林更新工 L	植物组织培养工 沙地治理工 营林试验员
5-02-03（GBM 50203）森林经营和管护人员	5-02-03-01 护林员 L 5-02-03-02 森林抚育工 L	
5-02-04（GBM 50204）木材采运人员	5-02-04-01 林木采伐工	油锯工 人力采伐工
	5-02-04-02 集材作业工	集材工 集材拖拉机司机 绞盘机司机
	5-02-04-03 木材水运工	单漂流送工 木材收储工 缩放排工 出河机司机
5-02-99（GBM 50299）其他林业生产人员		

第三中类 5-03（GBM 50300）畜牧业生产人员

小类	细类（职业）	工种
5-03-01（GBM 50301）畜禽种苗繁育人员	5-03-01-01 家畜繁殖员	种畜冻精制作工 家畜人工授精员 种畜胚胎移植工
	5-03-01-02 家禽繁殖员	孵化工 家禽人工授精员
5-03-02（GBM 50302）畜禽饲养人员	5-03-02-01 家畜饲养员	驯马工 养猪工 草食家畜饲养工
	5-03-02-02 家禽饲养员	养鸡工 水禽饲养员
5-03-03（GBM 50303）特种经济动物饲养人员	5-03-03-01 经济昆虫养殖员	养蜂员 蚕饲养员 益虫饲养工
	5-03-03-02 实验动物养殖员	实验动物饲养员 实验动物繁殖员
	5-03-03-03 特种动物养殖员	特种禽类饲养员 特种经济动物繁育员 药用动物养殖员

续表

小类	细类（职业）	工种
5-03-99（GBM 50399）其他畜牧业生产人员		

第四中类 5-04（GBM 50400）渔业生产人员

小类	细类（职业）	工种
5-04-01（GBM 50401）水产苗种繁育人员	5-04-01-01 水生动物苗种繁育工	海水鱼类繁育工 淡水鱼类繁育工 生物饵料培养员 爬行类繁育工 棘皮类繁育工 两栖类繁育工 贝类繁育工 甲壳类繁育工
	5-04-01-02 水生植物苗种培育工	海藻繁育工 淡水水生植物繁育工
5-04-02（GBM 50402）水产养殖人员	5-04-02-01 水生动物饲养工	海水鱼类养殖工 淡水鱼类养殖工 棘皮类养殖工

· 101 ·

续表

小类	细类（职业）	工种
5-04-03（GBM 50403）水产捕捞及有关人员		爬行类养殖工
		两栖类养殖工
		贝类养殖工
		甲壳类养殖工
		淡水珍珠养殖工
		海水珍珠养殖工
		水族造景工
	5-04-02-02 水生植物栽培工	大型藻类栽培工
		水生高等植物栽培工
	5-04-02-03 水产养殖潜水工	
	5-04-03-01 水产捕捞工	水生动植物采集工
		淡水捕捞工
		海水捕捞工
	5-04-03-02 渔业船员	渔船驾驶员
		渔船电机员
		渔船无线电操作员
		渔船机驾长
		渔船普通船员
		渔船轮机员

续表

小类	细类（职业）	工种
5-04-99（GBM 50499）其他渔业生产人员	5-04-03-03　渔网具工	渔业观察员 渔网具装配工 机织有结网片工 机织无结网片工

第五中类　5-05（GBM 50500）农、林、牧、渔业生产辅助人员

小类	细类（职业）	工种
5-05-01（GBM 50501）农业生产服务人员	5-05-01-01　农业技术员	农作物种植技术员 园艺生产技术员 畜牧技术员 水产技术员 营造林技术员 烟草栽培技术员 中药材生产技术员 农机技术员 农化技术员

续表

小类	细类（职业）	工种
		肥料配方师
		饲料配方师
		茶园管理员
		蜂媒授粉员
		农药使用指导员
	5-05-01-02　农业经理人 L	
	5-05-01-03　农业数字化技术员 L/S	
5-05-02（GBM 50502）动植物疫病防治人员	5-05-02-01　农作物植保员 L	病虫害防治工 植物检疫工
	5-05-02-02　林业有害生物防治员 L	
	5-05-02-03　动物疫病防治员	中兽医员 兽医化验员
	5-05-02-04　动物检疫检验员	
	5-05-02-05　水生物病害防治员	水生植物病害防治员 水生动物病害防治员
	5-05-02-06　水生物检疫检验员	水生植物疫病检疫员 水生动物检疫防疫员
5-05-03（GBM 50503）农村能源利用人员	5-05-03-01　沼气工 L	沼气生产工 沼气物管员

续表

小类	细类（职业）	工种
	5-05-03-02　农村节能员 L	村镇供暖员
	5-05-03-03　太阳能利用工 L	
	5-05-03-04　微水电利用工 L	
	5-05-03-05　小风电利用工 L	
5-05-04（GBM 50504）农村环境保护人员	5-05-04-00　农村环境保护工 L	
5-05-05（GBM 50505）农机化服务人员	5-05-05-01　农机驾驶操作员	拖拉机驾驶员 耕整地机械操作工 插秧机操作工 移栽机操作工 植保机械操作工 茶叶采摘机操作工 棉花收获机操作工 联合收割机驾驶员 玉米收获机操作工 施肥机械操作工 灌溉机械操作工
	5-05-05-02　农机修理工	
	5-05-05-03　农机服务经纪人	

续表

小类	细类（职业）	工种
5-05-06（GBM 50506）农副林特产品初加工人员	5-05-06-01　园艺产品加工工	果蔬分级整理工 花卉加工工 啤酒花加工工
	5-05-06-02　棉花加工工	轧花工 锯齿剥绒工 絮棉加工工 棉花加工辅助工
	5-05-06-03　热带作物初制工	剑麻制品工 剑麻纤维生产工 橡胶制胶工
	5-05-06-04　植物原料制取工	树脂采收工 生漆加工工 芳香油原料加工工
	5-05-06-05　竹藤师	竹藤编艺师 棕草编织工
	5-05-06-06　经济昆虫产品加工工	蚕茧烘烤工 蜂产品加工工 蜂产品品评员

续表

小类	细类（职业）	工种
5-05-99（GBM 50599）其他农、林、牧、渔业生产辅助人员	5-05-06-07 水产品原料处理工	水产品分级整理工 水产品冻结工

第九十九中类　5-99（GBM 59900）其他农、林、牧、渔业生产及辅助人员

小类	细类（职业）	工种
5-99-00（GBM 59900）其他农、林、牧、渔业生产及辅助人员		

第六大类

生产制造及有关人员

第六大类 6（GBM 60000）生产制造及有关人员

第一中类 6-01（GBM 60100）农副产品加工人员

小类	细类（职业）	工种
6-01-01（GBM 60101）粮油加工人员	6-01-01-01 制米工	
	6-01-01-02 制粉工	
	6-01-01-03 制油工	
6-01-02（GBM 60102）饲料加工人员	6-01-02-00 饲料加工工	饲草产品加工工
		饲料加工中控工
6-01-03（GBM 60103）制糖人员	6-01-03-00 食糖制造工	输蔗破碎工
		压榨机工
		糖汁中和工
		碳酸饱充工
		硫漂工
		糖汁过滤工
		糖汁蒸发工
		煮糖助晶工
		分蜜机工
		冰糖加工工
6-01-04（GBM 60104）畜禽制品加工人员	6-01-04-01 畜禽屠宰加工工	生猪屠宰加工工
		牛羊屠宰加工工

续表

小类	细类（职业）	工种
	6-01-04-02　畜禽副产品加工工 6-01-04-03　肉制品加工工	家禽屠宰加工工 肉品分级员 畜禽屠宰无害化处理工 肠衣加工工 腌腊发酵制品加工工 蒸煮熏烤制品加工工 调理肉制品加工工 酱卤肉制品加工工 肉制品品评师
	6-01-04-04　蛋类制品加工工	
6-01-05（GBM 60105）水产品加工人员	6-01-05-01　水产品加工工	水产品腌熏干制品制作工 鱼糜制作工 鱼粉制作工
	6-01-05-02　水产制品精制工	鱼油提炼工 水产蛋白提炼工 甲壳多糖提炼工 海藻制碘工 海藻制醇工 海藻胶提取工

续表

小类	细类（职业）	工种
6-01-06（GBM 60106）果蔬和坚果加工人员	6-01-06-00 果蔬坚果加工工	海藻饲料肥料制作工 果蔬加工工 坚果果蔬籽加工工
6-01-07（GBM 60107）淀粉和豆制品加工人员	6-01-07-01 淀粉及淀粉糖制造工	淀粉加工工 淀粉糖制造工
	6-01-07-02 植物蛋白制作工	
	6-01-07-03 豆制品制作工	腐乳制作工
6-01-99（GBM 60199）其他农副产品加工人员		

第二中类 6-02（GBM 60200）食品、饮料生产加工人员

小类	细类（职业）	工种
6-02-01（GBM 60201）焙烤食品制造人员	6-02-01-01 糕点面包烘焙师	中式糕点师 西式糕点师 饼干制作工 面包师
	6-02-01-02 糕点装饰师	糖艺师 巧克力塑型师

续表

小类	细类（职业）	工种
6-02-02（GBM 60202）糖制品加工人员	6-02-02-01 糖果巧克力制造工	蛋糕装饰师 糖坯制造工 糖果成型工 胶基糖制造工 巧克力原料处理工 巧克力成型工
	6-02-02-02 果脯蜜饯加工工	
6-02-03（GBM 60203）方便食品和罐头食品加工人员	6-02-03-01 米面主食制作工	挂面制作工 方便面制作工
	6-02-03-02 冷冻食品制作工	冷食品制作工 速冻米面制品制作工 速冻果蔬制作工
	6-02-03-03 罐头食品加工工	罐头原料处理工 罐头调味工 罐头封装工 罐头杀菌工
6-02-04（GBM 60204）乳制品加工人员	6-02-04-01 乳品加工工	原料乳处理工 乳品配料工 乳品杀菌工

续表

小类	细类（职业）	工种
		乳品浓缩工
		乳品干燥工
		炼乳结晶工
		乳品发酵工
		奶油搅拌压炼工
		干酪素点制工
		乳清工
		乳制品充灌工
	6-02-04-02　乳品评鉴师	
6-02-05（GBM 60205）调味品及食品添加剂制作人员	6-02-05-01　味精制造工	味精原料粉碎工
		味精微生物菌种工
		味精发酵工
		味精提取工
		味精充填封装工
	6-02-05-02　酱油酱类制作工	酱油制作工
		酱类制品制作工
	6-02-05-03　食醋制作工	
	6-02-05-04　精制制盐工	精制盐工
		盐斤分装设备操作工

续表

小类	细类（职业）	工种
	6-02-05-05 酶制剂制造工	酶制剂微生物菌种工 酶制剂发酵工 酶制剂提取工 酶制剂充填封装工
	6-02-05-06 柠檬酸制造工	柠檬酸原料粉碎工 柠檬酸微生物菌种工 柠檬酸发酵工 柠檬酸提取工 柠檬酸充填封装工
	6-02-05-07 调味品品评师	
	6-02-05-08 酱腌菜制作工	
6-02-06（GBM 60206）酒、饮料及精制茶制造人员	6-02-06-01 酿酒师	
	6-02-06-02 酒精酿造工	酒精原料粉碎工 酶制剂制备工 液糖化工 酒精发酵工 酒精蒸馏工 酵母制备工
	6-02-06-03 白酒酿造工	白酒微生物培菌工

续表

小类	细类（职业）	工种
		白酒酵母工
		白酒制曲工
		白酒原料粉碎工
		白酒发酵工
		白酒贮酒工
		白酒蒸馏串香工
		白酒配酒工
		白酒灌装工
	6-02-06-04 啤酒酿造工	啤酒糖化工
		啤酒发酵过滤工
		啤酒包装工
	6-02-06-05 黄酒酿造工	黄酒培菌工
		麦曲制曲工
		黄酒发酵工
		黄酒压滤工
		煎酒工
		黄酒勾兑工
		黄酒灌装工

续表

小类	细类（职业）	工种
	6-02-06-06　果露酒酿造工	葡萄酒酿造工 浸泡型果酒酿造工 露酒酿造工
	6-02-06-07　品酒师	
	6-02-06-08　麦芽制麦工	
	6-02-06-09　饮料制作工	饮料调配工 饮料灌装工 果蔬汁加工工 果蔬汁浓缩工 固体饮料加工工 固体饮料喷雾造粒工
	6-02-06-10　茶叶加工工	茶叶初制工 茶叶精制工 茶叶拼配师
	6-02-06-11　评茶师	
	6-02-06-12　酒体设计师	
6-02-99（GBM 60299）其他食品、饮料生产加工人员		

第三中类 6-03（GBM 60300）烟草及其制品加工人员

小类	细类（职业）	工种
6-03-01（GBM 60301）烟叶初加工人员	6-03-01-01 烟叶调制员 6-03-01-02 烟叶评级员	
6-03-02（GBM 60302）烟用材料生产人员	6-03-02-01 烟用二醋片制造工 6-03-02-02 烟用丝束制造工	二醋片加工操作工 醋酐制备与醋酸回收工 丝束加工操作工 浆液制备与丙酮回收工
6-03-03（GBM 60303）烟草制品生产人员	6-03-03-01 烟机设备操作工 6-03-03-02 烟草评吸师	打叶复烤设备操作工 烟叶回潮设备操作工 烟叶制丝设备操作工 膨胀烟丝设备操作工 再造烟叶设备操作工 滤棒成型设备操作工 卷烟卷接设备操作工 卷烟封装设备操作工 烟草制品转运设备操作工
6-03-99（GBM 60399）其他烟草及其制品加工人员		

第四中类 6-04（GBM 60400）纺织、针织、印染人员

小类	细类（职业）	工种
6-04-01（GBM 60401）纤维预处理人员	6-04-01-01 开清棉工	
	6-04-01-02 丝麻毛纤维预处理工	洗毛炭化挡车工 麻纤维脱胶工 加湿软麻工 选剥混茧工 煮茧操作工 开切茧工 绢纺原料选别工 绢纺精炼操作工
	6-04-01-03 纺织纤维梳理工	
	6-04-01-04 并条工	
	6-04-01-05 粗纱工	
6-04-02（GBM 60402）纺纱人员	6-04-02-01 纺纱工	细纱机操作工 筒并摇工 捻线工 制线工
	6-04-02-02 缫丝工	
6-04-03（GBM 60403）织造人员	6-04-03-01 整经工	
	6-04-03-02 浆纱浆染工	调浆工

续表

小类	细类（职业）	工种
	6-04-03-03 织布工	浆纱机操作工
		浆染联合机挡车工
		浆丝机操作工
		穿经工
		织布机操作工
		织布上轴工
		织物验修工
		落布工
	6-04-03-04 意匠纹版工	意匠工
		纹版复制工
		纹版连接工
6-04-04（GBM 60404）针织人员	6-04-04-01 纬编工	圆机操作工
		织袜工
		图案打样工
	6-04-04-02 经编工	经编机操作工
		经编钳针工
	6-04-04-03 横机工	
6-04-05（GBM 60405）非织造布制造人员	6-04-05-00 非织造布制造工	非织造布调浆工
		非织造布卷绕分切工

续表

小类	细类（职业）	工种
6-04-06（GBM 60406）印染人员	6-04-06-01 印染前处理工	纺粘和熔喷精密组件清理工 梳理针刺非织造布制作工 梳理水刺非织造布制作工 梳理热轧非织造布制作工 梳理热风非织造布制作工 纺粘/熔喷热轧非织造布制作工 纺粘针刺非织造布制作工 湿法水刺非织造布制作工 梳理化学粘合非织造布制作工 梳理缝编非织造布制作工 坯布缝接工 印染烧毛工 退煮漂操作工 印染洗涤工 印染丝光工 碱减量操作工
	6-04-06-02 纺织染色工	纤维染色工 染色小样工 纺织染色机操作工

续表

小类	细类（职业）	工种
	6-04-06-03 印花工	印花机挡车工
		蒸化机挡车工
		数码印花挡车工
		印花配色打样工
	6-04-06-04 纺织印花制版工	印花电脑分色工
		印花制网工
		印花辊筒激光雕刻工
		印花版修复工
	6-04-06-05 印染后整理工	液氨整理机挡车工
		涂层整理机挡车工
		煮呢机挡车工
		蒸呢机挡车工
		磨毛（绒）机挡车工
		轧光（轧花）机挡车工
		印染定型工
		印染烘干操作工
		洗缩联合挡车工
		起毛挡车工
		烫呢（光）挡车工

续表

小类	细类（职业）	工种
6-04-99（GBM 60499）其他纺织、针织、印染人员	6-04-06-06 印染染化料配制工	印染成品定等工 染化料配制操作工 印花色浆配制操作工
	6-04-06-07 工艺染织品制作工	手绘工 织造工 工艺蜡染工 工艺泼染工 工艺扎染工

第五中类 6-05（GBM 60500）纺织品、服装和皮革、毛皮制品加工制作人员

小类	细类（职业）	工种
6-05-01（GBM 60501）纺织品和服装剪裁缝纫人员	6-05-01-01 服装制版师	裁剪服装制版师 成型编织服装制版师
	6-05-01-02 裁剪工	服装裁剪工 纺织品裁剪工
	6-05-01-03 缝纫工	服装制作工

续表

小类	细类（职业）	工种
	6-05-01-04 缝纫品整型工	毛衫套口工 纺织品缝纫工 缝纫制品充填工 毛衫缩毛工 服装定型工 服装及纺织品整烫工
	6-05-01-05 服装水洗工	
	6-05-01-06 绒线编织拼布工	绒线编织工 拼布工
6-05-02（GBM 60502）皮革、毛皮及其制品加工人员	6-05-02-01 皮革及皮革制品加工工	皮革加工工 皮革服装服饰制作工 皮具制作工
	6-05-02-02 毛皮及毛皮制品加工工	毛皮加工工 毛皮制品制作工
6-05-03（GBM 60503）羽绒羽毛加工及制品制造人员	6-05-03-00 羽绒加工及制品充填工	羽绒羽毛加工处理工 羽绒羽毛充填处理工
6-05-04（GBM 60504）鞋帽制作人员	6-05-04-01 制鞋工	布鞋制作工 皮鞋制作工 旅游鞋制作工

续表

小类	细类（职业）	工种
6-05-99（GBM 60599）其他纺织品、服装和皮革、毛皮制品加工制作人员	6-05-04-02 制帽工	

第六中类　6-06（GBM 60600）木材加工、家具与木制品制作人员

小类	细类（职业）	工种
6-06-01（GBM 60601）木材加工人员	6-06-01-01 制材工	积材工 修锯工 木材削片工
	6-06-01-02 木竹藤材处理工	木竹藤材干燥工 木材保护与改性处理工
6-06-02（GBM 60602）人造板制造人员	6-06-02-01 胶合板工	单板加工工 胶合板胶合工
	6-06-02-02 纤维板工	纤维板原料制备工 纤维板铺装工 纤维板热压工 纤维调施胶干燥工

续表

小类	细类（职业）	工种
	6-06-02-03 刨花板工	刨花制备工
		刨花板调施胶工
		刨花板铺装工
		刨花板热压工
		刨花干燥工
	6-06-02-04 浸渍纸层压板工	裁边拉毛工
		浸渍干燥工
		组坯热压工
	6-06-02-05 人造板饰面工	涂胶工
		遮蔽剂调制与涂布工
		基材人造板处理与饰面材料选配工
		饰面板组坯及预压工
6-06-03（GBM 60603）木制品制造人员	6-06-03-01 手工木工	精细木工
		木屋架工
		木制家具工
		木门窗工
		木模板工

续表

小类	细类（职业）	工种
6-06-04（GBM 60604）家具制造人员 6-06-99（GBM 60699）其他木材加工、家具与木制品制作人员	6-06-03-02　机械木工 6-06-03-03　木地板制造工 6-06-04-00　家具制作工	建筑木雕工 室内木装修工 木地板坯料制备工 木地板加工工 木地板表面造型处理工 实木及实木复合地板备料工 强化地板备料工 木地板成型工 木地板表面装饰工 木质家具制作工 竹藤家具制作工 金属玻璃家具制作工 塑料家具制作工 软体家具制作工

第七中类 6-07（GBM 60700）纸及纸制品生产加工人员

小类	细类（职业）	工种
6-07-01（GBM 60701）制浆造纸人员	6-07-01-01 制浆工	制浆备料工 化学制浆工 机械制浆工 废纸制浆工
	6-07-01-02 制浆废液回收利用工 L	制浆废液回收工 制浆废液利用工
	6-07-01-03 造纸工	
	6-07-01-04 纸张整饰工	
	6-07-01-05 宣纸书画纸制作工	
6-07-02（GBM 60702）纸制品制作人员	6-07-02-00 纸箱纸盒制作工	瓦楞纸板制作工 瓦楞纸箱成型工 纸盒制作工
6-07-99（GBM 60799）其他纸及纸制品生产加工人员		

第八中类 6-08（GBM 60800）印刷和记录媒介复制人员

小类	细类（职业）	工种
6-08-01（GBM 60801）印刷人员	6-08-01-01 印前处理和制作员	印前图文制作员

续表

小类	细类（职业）	工种
	6-08-01-02 印刷操作员	平版制版员
		柔性版制版员
		网版制版员
		凹版制版员
		固体树脂版制版员
		珂罗版制版员
		盲文制版员
		木刻水印雕刻版员
		平版印刷员
		柔性版印刷员
		网版印刷员
		凹版印刷员
		固体树脂版印刷员
		珂罗版印刷员
		盲文印刷员
		木刻水印雕刻版印刷员
		数字印刷员
		金属版印刷员
	6-08-01-03 印后制作员	装订工

续表

小类	细类（职业）	工种
6-08-02（GBM 60802）记录媒介复制人员 6-08-99（GBM 60899）其他印刷和记录媒介复制人员	6-08-02-00　音像制品和电子出版物复制员	裁切工 印品整饰工 印后成型工

第九中类　6-09（GBM 60900）文教、工美、体育和娱乐用品制造人员

小类	细类（职业）	工种
6-09-01（GBM 60901）文教用品制作人员	6-09-01-01　自来水笔制造工 6-09-01-02　圆珠笔制造工 6-09-01-03　铅笔制造工 6-09-01-04　毛笔制作工 6-09-01-05　记号笔制造工 6-09-01-06　墨制作工	水盆工 修笔工 墨锭制作工 墨模制作工

续表

小类	细类（职业）	工种
6-09-02（GBM 60902）乐器制作人员	6-09-01-07 墨水墨汁制造工	墨水制造工 墨汁制造工 美术颜料制造工
	6-09-01-08 绘图仪器制作工	
	6-09-01-09 印泥制作工	
	6-09-02-01 钢琴及键盘乐器制作工	钢琴共鸣盘制作工 钢琴键盘机械制作工 钢琴装配工 手风琴零件制作工 手风琴装配工 手风琴校音工
	6-09-02-02 提琴吉他制作工	提琴制作工 琴弓制作工 琴弦制作工 吉他制作工
	6-09-02-03 管乐器制作工	木管乐器制作工 铜管乐器制作工
	6-09-02-04 民族拉弦弹拨乐器制作工	民族拉弦乐器制作工 民族弹拨乐器制作工

续表

小类	细类（职业）	工种
6-09-03（GBM 60903）工艺美术品制造人员	6-09-02-05 吹奏乐器制作工	
	6-09-02-06 打击乐器制作工	击奏乐器制作工
		鼓类乐器制作工
		铜响乐器制作工
	6-09-02-07 电鸣乐器制作工	琴身箱体制作工
		电鸣乐器接装工
		电鸣乐器调试工
	6-09-03-01 工艺品雕刻工	木雕工
		石雕工
		玉雕工
		牙骨雕刻工
		贝雕工
		玉器抛光工
		砚台雕刻工
	6-09-03-02 雕塑翻制工	
	6-09-03-03 陶瓷工艺品制作师	陶瓷工艺品成型师
		陶瓷工艺品彩绘师
		陶瓷工艺品雕塑师
	6-09-03-04 景泰蓝制作工	景泰蓝制胎工

续表

小类	细类（职业）		工种
			景泰蓝掐丝工
			景泰蓝釉料工
			景泰蓝点蓝工
			景泰蓝烧焊工
			景泰蓝磨蓝工
	6-09-03-05	金属摆件制作工	
	6-09-03-06	漆器制作工	漆器制胎工
			漆器制漆工
			漆器髹漆工
			漆器彩绘雕填工
			漆器镶嵌装饰工
	6-09-03-07	壁画制作工	泥板画创作员
	6-09-03-08	版画制作工	
	6-09-03-09	人造花制作工	
	6-09-03-10	工艺画制作工	
	6-09-03-11	抽纱刺绣工	机绣工
			手绣工
			抽纱挑编工
	6-09-03-12	手工地毯制作工	手工地毯图案工

续表

小类	细类（职业）	工种
	6-09-03-13 机制地毯制作工	手工织毯工
		手工平毯工
		地毯剪花工
		洗毯工
		地毯整修工
		机制地毯图案工
		地毯后整工
		地毯整经工
		地毯络筒工
		机制地毯挡车工
		地毯纱架工
		机制地毯修整工
	6-09-03-14 宝石琢磨工	宝玉石鉴别工
		钻石琢磨工
		宝玉石琢磨工
	6-09-03-15 贵金属首饰制作工	贵金属首饰手工制作工
		贵金属首饰机制工
	6-09-03-16 装裱师	
	6-09-03-17 民间工艺品制作工	剪纸工

续表

小类	细类（职业）	工种
6-09-04（GBM 60904）体育用品制作人员	6-09-03-18　剧装工	泥面塑工
		风筝工
		布艺工
		内画工
		绢人工
		宝剑工
		头套髯口工
		头面工
		盔帽工
		戏鞋工
		戏服制作工
		道具制作工
	6-09-03-19　民间工艺品艺人	
	6-09-04-01　制球工	足篮排球制作工
		乒乓球制作工
		网球制作工
		羽毛球制作工
		壁球制作工
	6-09-04-02　球拍球网制作工	球网制作工

续表

小类	细类（职业）	工种
6-09-05（GBM 60905）玩具制作人员	6-09-04-03　健身器材制作工 6-09-05-00　玩具制作工	羽毛球拍制作工 乒乓球拍制作工 布绒玩具制作工 塑料玩具制作工 木制玩具制作工 金属玩具制作工
6-09-99（GBM 60999）其他文教、工美、体育和娱乐用品制造人员		

第十中类　6-10（GBM 61000）石油加工和炼焦、煤化工生产人员

小类	细类（职业）	工种
6-10-01（GBM 61001）石油炼制生产人员	6-10-01-01　原油蒸馏工 6-10-01-02　催化裂化工 6-10-01-03　蜡油渣油加氢工	轻烃回收装置操作工 常减压蒸馏装置操作工 加氢裂化（处理）装置操作工 蜡油渣油加氢装置操作工 油制氢装置操作工

· 137 ·

续表

小类	细类(职业)	工种
	6-10-01-04 渣油热加工工	焦化装置操作工
		减粘裂化装置操作工
	6-10-01-05 石脑油加工工	石脑油预处理装置操作工
		催化重整装置操作工
		芳烃抽提装置操作工
		溶剂油装置操作工
		碳五碳六异构化装置操作工
		石脑油吸附分离装置操作工
	6-10-01-06 炼厂气加工工	气体脱硫装置操作工
		气体分馏装置操作工
		甲基叔丁基醚/丁烯-1装置操作工
		烷基化装置操作工
		酸性水汽提装置操作工
		硫回收装置操作工
		变压变温吸附装置操作工
		火炬系统操作工
	6-10-01-07 润滑油脂生产工	溶剂精制装置操作工
		溶剂脱蜡装置操作工

续表

小类	细类（职业）	工种
		石蜡加氢装置操作工
		溶剂脱沥青装置操作工
		润滑油加氢装置操作工
		白土补充精制装置操作工
		分子筛脱蜡装置操作工
		石蜡装置操作工
		白油装置操作工
		尿素脱蜡装置操作工
		沥青装置操作工
		蜡裂解及重合装置操作工
		润滑油调合操作工
		合成油脂装置操作工
		润滑脂装置操作工
		润滑油脂灌装制桶工
	6-10-01-08 石油产品精制工	汽油煤油柴油加氢装置操作工
		催化汽油吸附脱硫装置操作工
		电化学精制装置操作工
	6-10-01-09 油制气工	
	6-10-01-10 油品储运工	油品储运调合工

小类	细类（职业）	工种
	6-10-01-11 油母页岩提炼工 L	油母页岩供料工
		油母页岩干馏工
6-10-02（GBM 61002）炼焦人员	6-10-02-01 炼焦煤制备工	炼焦备煤工
		炼焦配煤工
		煤调湿工
	6-10-02-02 炼焦工	焦炉炉前工
		煤焦车司机
		筛运焦工
		干法熄焦工
		焦炉调温工
		焦炉煤气冷凝净化工
		加氢精制工
6-10-03（GBM 61003）煤化工生产人员	6-10-03-01 煤制烯烃生产工	甲醇合成操作工
		甲醇制烯烃操作工
	6-10-03-02 煤制油生产工	煤间接液化合成操作工
		煤间接液化分离操作工
		煤直接液化催化剂制备工
		加氢稳定装置操作工
		煤直接液化操作工

续表

小类	细类（职业）	工种
	6-10-03-03　煤制气工	二氧化碳回收处理操作工 煤焦油加氢制油工 煤气化备配煤工 煤气化工 煤气净化回收工 甲烷合成气净化工 甲烷合成工
6-10-99（GBM 61099）其他石油加工和炼焦、煤化工生产人员	6-10-03-04　水煤浆制备工 6-10-03-05　工业型煤工 6-10-03-06　煤提质工 L	

第十一中类　6-11（GBM 61100）化学原料和化学制品制造人员

小类	细类（职业）	工种
6-11-01（GBM 61101）化工产品生产通用工艺人员	6-11-01-01　化工原料准备工 6-11-01-02　化工单元操作工	化工过滤工 化工蒸馏工

续表

小类	细类（职业）	工种
		化工萃取工
		化工蒸发工
		化工热交换工
		化工吸收工
		化工吸附工
		化工干燥工
		化工结晶工
		化工离心分离工
		化工造粒工
		化工洗涤工
		脱酚工
	6-11-01-03 化工总控工 S	
	6-11-01-04 制冷工	
	6-11-01-05 工业清洗工	化学清洗工
		高压水射流清洗工
		锅炉清洗工
		中央空调清洗工
		清罐操作工
	6-11-01-06 腐蚀控制工	耐蚀衬胶工

续表

小类	细类（职业）	工种
6-11-02（GBM 61102）基础化学原料制造人员	6-11-02-01 硫酸生产工 6-11-02-02 硝酸生产工 6-11-02-03 盐酸生产工 6-11-02-04 磷酸生产工 6-11-02-05 纯碱生产工	耐蚀喷涂工 耐蚀砖板衬里工 耐蚀塑料工 耐蚀纤维增强塑料工 耐蚀混凝土工 稀硝酸工 浓硝酸工 氯化氢合成工 酸性气体吸收工 纯碱盐水工 蒸吸工 纯碱碳化工 重碱煅烧工 纯碱石灰工 重质纯碱工 联碱洗盐工 联碱结晶工

续表

小类	细类（职业）	工种
	6-11-02-06 烧碱生产工	烧碱盐水工 烧碱电解工 氯氢处理工 烧碱蒸发工 固碱工
	6-11-02-07 无机盐生产工	氟化盐生产工 缩聚磷酸盐生产工
	6-11-02-08 提硝工	
	6-11-02-09 卤水综合利用工	
	6-11-02-10 无机化学反应生产工	电化学反应工 窑炉反应工 黄磷生产工 电石生产工 钛白粉生产工 高频等离子工 二硫化碳生产工 炭黑生产工
	6-11-02-11 脂肪烃生产工	乙炔发生工

续表

小类	细类（职业）	工种
	6-11-02-12 芳香烃生产工	烯烃催化裂解制丙烯装置操作工 烯烃转换装置操作工 丁二烯装置操作工 异丁烯装置操作工 碳五分离装置操作工 1-己烯装置操作工 环己烷装置操作工 裂解汽油加氢装置操作工 丙烷脱氢装置操作工 乙烯装置操作工 天然气制乙炔装置操作工 碳二饱和气体回收装置操作工 碳五正异构分离装置操作工 异丁烷装置操作工 烷基苯装置操作工 对二乙基苯装置操作工 偏（均）三甲苯装置操作工 苯乙烯装置操作工

续表

小类	细类（职业）	工种
	6-11-02-13 脂肪烃衍生物生产工	乙苯装置操作工 制苯装置操作工 对（间、邻）二甲苯装置操作工 碳八抽提苯乙烯装置操作工 甲酸装置操作工 乙醛装置操作工 醋酸装置操作工 乙腈装置操作工 二甲胺装置操作工 二甲醚装置操作工 氯丙烯装置操作工 丙烯腈装置操作工 丙烯酸及酯装置操作工 环氧丙烷装置操作工 环氧氯丙烷装置操作工 异丙醇装置操作工 丙醛（丙酸）装置操作工 丙烯酰胺装置操作工

续表

小类	细类（职业）	工种
		二甲基甲酰胺装置操作工
		1，4-丁二醇装置操作工
		丁二酸装置操作工
		环丁砜装置操作工
		甲乙酮装置操作工
		丙酮氰醇装置操作工
		丁辛醇装置操作工
		醋酸乙烯装置操作工
		己内酰胺装置操作工
		环己胺装置操作工
		环己酮（醇酮）装置操作工
		己二酸装置操作工
		己二腈装置操作工
		己二胺装置操作工
		环己酮肟装置操作工
		乙氧基化装置操作工
		十二碳二元酸装置操作工
		脂肪醇装置操作工
		顺酐装置操作工

续表

小类	细类（职业）	工种
	6-11-02-14 芳香烃衍生物生产工	甲醛装置操作工 甲醇装置操作工 合成气装置操作工 氯乙烯装置操作工 环氧乙烷（乙二醇）装置操作工 碳酸二甲酯装置操作工 聚四氢呋喃装置操作工 异壬醇装置操作工 苯酚丙酮装置操作工 间苯二酚装置操作工 硝基苯装置操作工 氯化苯装置操作工 苯胺装置操作工 硝基氯苯装置操作工 精对（间）苯二甲酸装置操作工 苯酐装置操作工 双酚 A 装置操作工

续表

小类	细类（职业）	工种
	6-11-02-15 有机合成工	过氧化二异丙苯装置操作工
6-11-03（GBM 61103）化学肥料生产人员	6-11-03-01 合成氨生产工	合成氨煤气化工
		合成氨转变工
		合成氨净化工
		合成氨气体压缩工
		氨合成工
		合成氨二氧化碳回收工
		合成氨装置操作工
	6-11-03-02 尿素生产工	尿素合成工
		尿素加工工
		尿素装置操作工
	6-11-03-03 硝酸铵生产工	硝酸铵中和工
		硝酸铵结晶造粒工
		多孔硝酸铵造粒工
	6-11-03-04 硫酸铵生产工	
	6-11-03-05 过磷酸钙生产工	普通过磷酸钙生产工
		重过磷酸钙生产工
	6-11-03-06 复混肥生产工	

续表

小类	细类（职业）		工种
	6-11-03-07	钙镁磷肥生产工	
	6-11-03-08	钾肥生产工	
6-11-04（GBM 61104）农药生产人员	6-11-04-00	农药生产工	化学农药生产工
			微生物农药生产工
			生物农药生产工
			农药制剂操作工
6-11-05（GBM 61105）涂料、油墨、颜料及类似产品制造人员	6-11-05-01	涂料生产工	涂料合成树脂工
			制漆配色调制工
	6-11-05-02	油墨制造工	炼油树脂工
			油墨颜料制作工
			油墨加工工
	6-11-05-03	颜料生产工	颜料合成工
			颜料化操作工
	6-11-05-04	染料生产工	染料合成工
			染料后处理工
			染料拼混工
6-11-06（GBM 61106）合成树脂生产人员	6-11-06-00	合成树脂生产工	聚乙烯装置操作工
			聚丙烯装置操作工
			聚丁烯装置操作工

续表

小类	细类（职业）	工种
		聚苯乙烯装置操作工
		聚氯乙烯装置操作工
		丙烯腈-丁二烯-苯乙烯共聚物（ABS）装置操作工
		聚偏氯乙烯装置操作工
		碳五石油树脂装置操作工
		碳九石油树脂装置操作工
		三聚氰胺装置操作工
		酚醛树脂装置操作工
		K树脂装置操作工
		聚碳酸酯装置操作工
		改性合成树脂装置操作工
		醋酸乙烯和乙烯共聚物装置操作工
		聚氨酯装置操作工
		二氧化碳树脂装置操作工
		环氧树脂装置操作工
		聚偏氟乙烯装置操作工
		丙烯酸树脂装置操作工

续表

小类	细类（职业）	工种
6-11-07（GBM 61107）合成橡胶生产人员	6-11-07-00 合成橡胶生产工	聚丙烯酰胺装置操作工 苯乙烯-丙烯腈树脂（SAN）装置操作工 聚甲醛装置操作工 聚甲基丙烯酸甲酯（PMMA）装置操作工 聚醚装置操作工 乙烯-醋酸乙烯共聚乳液（VAE）装置操作工 乙烯-乙烯醇树脂装置操作工 丁苯胶乳装置操作工 丁腈橡胶装置操作工 硅橡胶装置操作工 丁基橡胶装置操作工 溴化丁基橡胶装置操作工 氯丁橡胶装置操作工 异戊橡胶装置操作工 乙丙橡胶装置操作工 氟橡胶装置操作工

续表

小类	细类（职业）		工种
6-11-08（GBM 61108）专用化学产品生产人员			丁苯橡胶装置操作工
			顺丁橡胶装置操作工
			热塑性弹性体装置操作工
			聚丁二烯装置操作工
			苯乙烯类热塑性弹性体（SBCs）装置操作工
	6-11-08-01	催化剂生产工	催化剂制造工
			催化剂试验工
	6-11-08-02	总溶剂生产工	溶剂蒸煮工
			溶剂培菌工
			溶剂发酵工
			溶剂蒸馏工
	6-11-08-03	化学试剂生产工	无机试剂工
			有机试剂工
			高纯试剂工
			临床试剂工
	6-11-08-04	印染助剂生产工	印染助剂合成工
			印染助剂复配工
	6-11-08-05	表面活性剂制造工	

续表

小类	细类（职业）	工种
	6-11-08-06 化工添加剂生产工	
	6-11-08-07 油脂化工产品制造工	油脂及脂肪酸加氢操作工
		油脂水解操作工
		油脂酯交换操作工
		脂肪醇生产操作工
		脂肪酸氨化操作工
		脂肪醇胺化操作工
		脂肪酸酰化及酯化操作工
	6-11-08-08 动物胶制造工	动物胶原料预处理工
		动物胶提胶浓缩工
	6-11-08-09 人造板制胶工	
	6-11-08-10 有机硅生产工	氯甲烷生产工
		甲基氯硅烷生产工
		甲基硅氧烷生产工
		苯基氯硅烷生产工
		三氯硅烷生产工
		三烷氧基硅烷生产工
		硅油及乳液生产工
		热硫化硅橡胶生产工

续表

小类	细类（职业）	工种
		室温硫化硅橡胶生产工
		硅树脂生产工
		硅烷偶联剂生产工
	6-11-08-11 有机氟生产工	含氟烷烃生产工
		含氟烯烃生产工
		有机氟残液焚烧工
	6-11-08-12 松香工	松脂工
		熔解澄清工
		松香蒸馏工
		滴水法松香工
		松香浸提工
		松香改性反应工
		松焦油工
	6-11-08-13 松节油制品工	松节油合成反应工
		催化剂处理工
		樟脑升华工
		聚合反应工
	6-11-08-14 活性炭生产工	木材干馏工
		木焦油工

续表

小类	细类（职业）	工种
	6-11-08-15 栲胶生产工	活性炭碳化工
		活性炭活化工
		活性炭酸洗工
		活性炭干燥工
		栲胶浸提工
		栲胶蒸发工
		栲胶干燥工
	6-11-08-16 紫胶生产工	紫胶洗色干燥工
		紫胶熔胶过滤工
		紫胶蒸发工
		紫胶热滤工
		紫胶制片工
		紫胶漂白工
		紫胶色素工
	6-11-08-17 栓皮制品工	供料破碎工
		软木烘焙工
		制胚剖片工
	6-11-08-18 植物原料水解工	水解蒸煮工
		水解物料中和工

续表

小类	细类（职业）	工种
		水解蒸馏工
		水解酵母分离工
		水解酵母干燥工
		酵母营养盐工
		水解设备搪砌工
	6-11-08-19 感光材料生产工	感光材料涂布工
		感光材料乳剂合成工
		感光材料乳剂熔化工
		感光专用药液配制工
		油乳制备工
		暗盒生产工
		感光材料整理工
		废片白银回收工
	6-11-08-20 胶印版材生产工	胶印版材涂布液合成工
		胶印版材工艺工
		胶印版材整理工
	6-11-08-21 柔性版材生产工	
	6-11-08-22 磁记录材料生产工	磁浆制备工
		磁记录材料涂布工

续表

小类	细类（职业）	工种
		磁记录材料整理工
		磁粉生产工
	6-11-08-23 热转移防护膜涂布工	
	6-11-08-24 平板显示膜生产工	平板显示膜涂布工
		平板显示膜整理工
		平板显示膜回收工
		棉胶液制备工
		片基流延工
		聚酯薄膜拉幅工
		流延辅助工
	6-11-08-25 甘油制造工	甘油水处理工
		甘油精制工
	6-11-08-26 生物质化工产品生产工	生物柴油装置操作工
6-11-09（GBM 61109）火工品制造、保管、爆破及焰火产品制造人员	6-11-09-01 雷管制造工	
	6-11-09-02 索状爆破器材制造工	
	6-11-09-03 火工品装配工	
	6-11-09-04 火工品管理工	火工品检测工
	6-11-09-05 烟花爆竹工	

续表

小类	细类（职业）	工种
6-11-10（GBM 61110）日用化学品生产人员	6-11-10-01 合成洗涤剂制造工	洗衣粉制造工 液体洗涤剂制造工
	6-11-10-02 肥皂制造工	
	6-11-10-03 化妆品配方师	
	6-11-10-04 化妆品制造工	胶状化妆品制造工 液状化妆品制造工 粉状化妆品制造工 固体化妆品制造工
	6-11-10-05 口腔清洁剂制造工	牙膏制造工 口腔护理液制造工 牙粉制造工 假牙清洁剂制造工
	6-11-10-06 香料制造工	香料原料处理工 天然香料制备工 香料合成工 香料分馏工 香料精制工
	6-11-10-07 调香师	

续表

小类	细类（职业）	工种
6-11-99（GBM 61199）其他化学原料和化学制品制造人员	6-11-10-08　香精配制工	乳化香精配制工 反应香精配制工 调配香精配制工
	6-11-10-09　火柴制造工	
	6-11-10-10　日用化学用品配方师	清洁剂配方师 手工皂制皂师

第十二中类　6-12（GBM 61200）医药制造人员

小类	细类（职业）	工种
6-12-01（GBM 61201）化学药品原料药制造人员	6-12-01-00　化学合成制药工	药物合成反应工 药物分离纯化工 原料药精制干燥工
6-12-02（GBM 61202）中药饮片加工人员	6-12-02-00　中药炮制工	中药材净选润切工 中药炮炙工 藏药炮制工

续表

小类	细类（职业）	工种
6-12-03（GBM 61203）药物制剂人员	6-12-03-00　药物制剂工	片剂工 注射剂工 液体药剂工 胶囊剂工 气雾剂工 滴丸工 软膏剂工 栓剂工 膜剂工 贴剂工 制剂及医用制品灭菌工 中药酒（酊）剂工 中药露剂工 中药油剂工 中药糖浆剂工 中药合剂工 中药丸剂工 中药散剂（研配）工 中药煎膏剂工

续表

小类	细类（职业）	工种
6-12-04（GBM 61204）兽用药品制造人员	6-12-04-00 兽药制造工	膏药剂工 中药茶剂工 中药胶剂工 中药灸熨剂工 中药提取工 颗粒剂工 兽用生物制品制造工 兽用化学药品制剂工 兽用中药制剂工 兽用原料药制造工
6-12-05（GBM 61205）生物药品制造人员	6-12-05-01 生化药品制造工	
	6-12-05-02 发酵工程制药工	抗生素酶裂解工 制药菌种培育工 制药灭菌发酵工 制药发酵液提取精制工
	6-12-05-03 疫苗制品工	生物制品培养基生产工 细菌性疫苗生产工 病毒性疫苗生产工 疫苗菌毒种培育工

续表

小类	细类（职业）	工种
6-12-99（GBM 61299）其他医药制造人员	6-12-05-04　血液制品工 6-12-05-05　基因工程药品生产工	诊断试剂生产工

第十三中类　6-13（GBM 61300）化学纤维制造人员

小类	细类（职业）	工种
6-13-01（GBM 61301）化学纤维原料制造人员	6-13-01-01　化纤聚合工	腈纶聚合操作工 腈纶回收操作工 聚酯装置操作工 聚酯增粘装置操作工 聚乙烯醇制造工 对位芳纶聚合工 聚酰胺装置操作工
	6-13-01-02　纺丝原液制造工	原液准备浸渍操作工 原液准备老成黄化操作工 纺丝原液制备工

续表

小类	细类（职业）	工种
6-13-02（GBM 61302）化学纤维纺丝及后处理人员	6-13-02-01　纺丝工	纺丝凝固浴液配制工 湿法纺纺丝操作工 熔融纺干燥操作工 熔融纺纺丝操作工 维纶热处理操作工
	6-13-02-02　化纤后处理工	化纤组件清理工 短丝整理操作工 长丝整理操作工 缩醛化药液配制工 纤维碳化装置操作工
6-13-99（GBM 61399）其他化学纤维制造人员		

第十四中类　6-14（GBM 61400）橡胶和塑料制品制造人员

小类	细类（职业）	工种
6-14-01（GBM 61401）橡胶制品生产人员	6-14-01-01　橡胶制品生产工	橡胶制品配料工 橡胶炼胶工 橡胶半成品生产工

续表

小类	细类（职业）	工种
6-14-02（GBM 61402）塑料制品加工人员	6-14-01-02　轮胎翻修工 L 6-14-02-00　塑料制品成型制作工	橡胶成型工 橡胶硫化工 废胶再生工 聚氯乙烯塑料配制工 改性塑料配制工 塑料着色工 塑料挤出工 塑料注塑工 塑料压延工 塑料模压工 塑料层压工 塑料制品烧结工 塑料浇铸工 塑料真空成型工 塑料热合工 塑料编织工 塑料焊工

续表

小类	细类（职业）	工种
6-14-99（GBM 61499）其他橡胶和塑料制品制造人员		

第十五中类　6-15（GBM 61500）非金属矿物制品制造人员

小类	细类（职业）	工种
6-15-01（GBM 61501）水泥、石灰、石膏及其制品制造人员	6-15-01-01　水泥生产工	水泥生料制备工 水泥熟料煅烧工 水泥制成工 水泥生产中控员 水泥生产巡检工
	6-15-01-02　水泥混凝土制品工	水泥混凝土制品制作工 水泥混凝土制品养护工 钢筋骨架工 搅拌工 成型制作养护工
	6-15-01-03　石灰煅烧工	混料式立窑石灰煅烧工 回转窑石灰煅烧工 套筒窑石灰煅烧工

续表

小类	细类（职业）	工种
6-15-02（GBM 61502）砖瓦石材等建筑材料制造人员		双膛窑石灰煅烧工
		气烧立窑石灰煅烧工
		梁式窑石灰煅烧工
	6-15-01-04 石膏粉生产工	
	6-15-01-05 石膏制品生产工	石膏墙材制品生产工
		纸面石膏板制备工
		石膏装饰板加工工
	6-15-01-06 预拌混凝土生产工	预拌混凝土中控工
	6-15-02-01 砖瓦生产工	砖瓦原料工
		砖瓦成型工
		砖瓦装出窑工
		砖瓦干燥工
		砖瓦码窑工
		砖瓦烧火工
		砖瓦生产中控员
	6-15-02-02 加气混凝土制品工	加气混凝土配料浇注工
		加气混凝土切割工
		加气混凝土蒸压养护工
		加气混凝土钢筋工

续表

小类	细类（职业）	工种
	6-15-02-03 石材生产工	加气混凝土大板拼装工
		石材开采工
		石材加工工
		石材雕刻工
		石材护理工
	6-15-02-04 人造石生产加工工	人造石生产工
		人造石加工工
	6-15-02-05 防水卷材制造工	改性沥青防水卷材生产工
		高分子防水卷材生产工
	6-15-02-06 保温材料制造工	保温材料原料工
		保温材料熔制工
		保温成棉控制工
		保温材料制品生产工
	6-15-02-07 吸音材料制造工	
	6-15-02-08 砂石骨料生产工	天然砂石骨料生产工
		机制砂石骨料生产工
6-15-03（GBM 61503）玻璃及玻璃制品生产加工人员	6-15-03-01 玻璃配料熔化工	玻璃配料工
		玻璃熔化工
	6-15-03-02 玻璃及玻璃制品成型工	浮法玻璃成型工

续表

小类	细类（职业）	工种
	6-15-03-03　玻璃加工工	压延玻璃成型工 玻璃制品手工成型工 玻璃制品机械成型工 玻璃退火工 玻璃微珠成型工 微晶玻璃工 玻璃冷加工工 玻璃热加工工 玻璃复合加工工 玻璃装饰加工工 玻璃釉印工
	6-15-03-04　玻璃制品加工工	玻璃表面改性加工工 玻璃制品冷加工工 玻璃制品热加工工 玻璃灯工 玻璃制品镀膜工 玻璃制品装饰工
	6-15-03-05　电子玻璃制品加工工	电子玻璃制品研磨抛光工 电子玻璃制品镀膜工

续表

小类	细类（职业）	工种
6-15-04（GBM 61504）玻璃纤维及玻璃纤维增强塑料制品制造人员	6-15-03-06 石英玻璃制品加工工	电子玻璃制品钢化工
		石英原料工
		石英玻璃熔制工
		石英玻璃冷加工工
		石英玻璃热加工工
	6-15-04-01 玻璃纤维及制品工	铂合金漏板（坩埚）制造工
		玻纤拉丝工
		玻纤编织制品生产工
		玻纤制品后处理工
		玻纤非织造制品生产工
		玻纤织布带工
		配料熔制工
		浸润剂配置工
		玻纤保全保养工
	6-15-04-02 玻璃钢制品工	玻璃钢制品手糊工
		玻璃钢制品模压工
		玻璃钢制品拉挤工
		玻璃钢制品缠绕工
		玻璃钢制品灌注工

续表

小类	细类（职业）	工种
6-15-05（GBM 61505）陶瓷制品制造人员	6-15-05-01 陶瓷原料准备工	玻璃钢制品喷射工 陶瓷原料制备工 陶瓷颜料制备工 泥釉浆料制备输送工 电子陶瓷料制配工
	6-15-05-02 陶瓷成型施釉工	陶瓷手工成型工 陶瓷注浆成型工 陶瓷压制成型工 陶瓷滚压成型工 陶瓷挤出成型工 陶瓷施釉工 电子陶瓷挤制成型工 电子陶瓷薄膜成型工
	6-15-05-03 陶瓷烧成工	
	6-15-05-04 陶瓷装饰工	陶瓷贴花工 陶瓷彩绘工 陶瓷雕塑工 刻瓷工
	6-15-05-05 古建琉璃工	

续表

小类	细类（职业）	工种
6-15-06（GBM 61506）耐火材料制品生产人员	6-15-06-01 耐火原料加工成型工	耐火原料加工工
		耐火配混料工
		耐火原料煅烧工
		耐火材料成型操作工
	6-15-06-02 耐火材料烧成工	耐火炉窑装窑工
		耐火窑炉烧成工
		耐火制品出窑拣选工
		耐火成品发运工
	6-15-06-03 耐火制品加工工	耐火制品切磨加工工
		耐火制品浸渍工
	6-15-06-04 耐火纤维制品工	耐火成纤工
		耐火纤维制品成型工
		耐火纤维制品整型工
6-15-07（GBM 61507）石墨及炭素制品生产人员	6-15-07-01 炭素煅烧工	炭素煅烧操作工
		石油焦煅烧工
	6-15-07-02 炭素成型工	炭素配料工
		炭素混捏工
		炭素压型工
	6-15-07-03 炭素焙烧工	

续表

小类	细类（职业）	工种
6-15-08（GBM 61508）高岭土、珍珠岩等非金属矿物加工人员	6-15-07-04 炭素浸渍工 6-15-07-05 石墨化工 6-15-07-06 炭素制品工 6-15-07-07 炭素特种材料工 6-15-08-01 人工合成晶体工 6-15-08-02 高岭土加工工 6-15-08-03 珍珠岩加工工 6-15-08-04 石棉制品工 6-15-08-05 云母制品工	珍珠岩焙烧工 珍珠岩制品工
6-15-99（GBM 61599）其他非金属矿物制品制造人员		

第十六中类　6-16（GBM 61600）采矿人员

小类	细类（职业）	工种
6-16-01（GBM 61601）矿物采选人员	6-16-01-01 露天采矿工	钻孔机司机 露天采矿挖掘机司机 露天采矿单斗铲司机

续表

小类	细类（职业）	工种
	6-16-01-02 露天矿物开采辅助工	露天采矿吊斗铲司机 露天矿采矿前装机司机 露天矿轮斗挖掘机司机 露天采煤机司机 矿用维修工程车司机 矿用润滑油车司机 矿用燃油车司机 矿用高空作业车司机 矿用发电车操作工 稀土注液收液工 卸车指挥工 边坡工 矿用重型卡车轮胎换修工
	6-16-01-03 运矿排土工	排土机司机 破碎机操作工 平路机司机 胶带/转载机操作工 排土犁司机 装车仓操作工

续表

小类	细类（职业）	工种
	6-16-01-04 矿井开掘工	胶带机移设机司机 履带运输车司机 电缆卷绕车司机 推土犁司机 排岩机操作工 井筒冻结工 井筒掘砌工 竖井钻机工 巷道掘砌工 装岩机司机 综掘机司机 钻车司机 天井钻机工 巷修工 抓岩机司机 局部通风机操作工 凿岩台车司机 井筒维修工 煤矿智能掘进员

续表

小类	细类（职业）	工种
	6-16-01-05　井下采矿工	井下采煤机司机
		综采集控工
		井下出矿工
		井下钻机司机
		井下采煤工
		井下水采工
		煤矿智能开采员
	6-16-01-06　井下支护工	液压支架工
		矿井泵工
		采煤支护工
		井下充填制备工
		充填回收工
		支护锚喷工
	6-16-01-07　井下机车运输工	翻罐工
		矿山电机车司机
		矿井轨道工
		轨配工
		矿车修理工
		绞车操作工

续表

小类	细类（职业）	工种
		电机车修配工
		蓄电池充电工
		齿轨车司机
		架线维护工
		卡轨车司机
		无极绳牵引车司机
		单轨吊司机
		井下胶轮车司机
	6-16-01-08　矿山提升设备操作工	主提升机操作工
		把钩信号工
	6-16-01-09　矿井通风工	矿井通风操作工
		矿井测风工
		主扇风机操作工
		通风维护工
	6-16-01-10　矿山安全防护工	矿井制冷降温工
		矿井电气防爆检查工
		井下探放水钻工
		瓦斯防突工
		瓦斯泵工

续表

小类	细类（职业）	工种
	6-16-01-11 矿山安全设备监测检修工	瓦斯检查工 瓦斯抽放工 矿井防灭工 矿压观测工 矿井防尘工 矿井测尘工 配气分析工 安全仪器监测工 矿灯和自救器管理工 救护仪器维修工 采矿安全监控系统值班员
	6-16-01-12 矿山救护工	
	6-16-01-13 矿山生产集控员	采矿生产系统监控操作员 矿山设备运行协调员
	6-16-01-14 矿石处理工	矿石破碎筛分工 选矿供料工 重介质制备回收工 磨矿分级工 衬板工

续表

小类	细类（职业）	工种
	6-16-01-15 选矿工	选煤工
		重介质分选工
		选矿集控工
		浮选工
		磁选工
		风选工
		摇床选矿工
		螺旋分选工
		浮选药剂工
	6-16-01-16 选矿脱水工	选矿过滤脱水工
		选煤干燥工
		有色金属矿干燥工
	6-16-01-17 尾矿工	尾矿处理工
		尾矿库工艺监督工
6-16-02（GBM 61602）石油和天然气开采与储运人员	6-16-02-01 石油勘探工	石油地震勘探工
		石油勘探测量工
		可控震源操作工
		海洋勘探震源操作工
		石油重磁电勘探工

续表

小类	细类（职业）	工种
	6-16-02-02　钻井工	石油钻井工
		钻井液工
		钻井柴油机工
	6-16-02-03　钻井协作工	钻井架安装工
		固井工
		随钻测量工
	6-16-02-04　井下作业设备操作维修工	井下作业工
		井下作业机司机
		井下作业工具工
		井下特种装备操作工
		井下配液工
		井下电泵作业工
	6-16-02-05　水下钻井设备操作工	
	6-16-02-06　油气水井测试工	录井工
		测井工
		射孔取心工
		地层测试工
		采油测试工
		采气测试工

续表

小类	细类（职业）	工种
	6-16-02-07 石油开采工	测井绘解工
		采油测试仪表工
		采油工
		采油地质工
		注水泵工
		捞油工
		注聚工
		海洋油气操作工
		热注运行工
		聚合物配制工
	6-16-02-08 天然气开采工	采气工
		天然气加压输送工
		采输气仪表工
	6-16-02-09 煤层气排采集输工	煤层气测井测试工
		煤层气固井工
		煤层气增产作业工
		煤层气排采工
		煤层气修井工
		煤层气集输工

续表

小类	细类（职业）	工种
	6-16-02-10　天然气处理工	煤层气加压工
		水平定向钻机司机
		煤层气勘查测量工
		轻烃装置操作工
		天然气净化操作工
		天然气提氦操作工
	6-16-02-11　油气输送工	集输工
		油气田水处理工
		输油工
		输气工
		油品装卸工
	6-16-02-12　油气管道维护工	油气管道保护工
		海底管道防腐工
		海底管道保温工
		海底管道配重工
	6-16-02-13　海上平台水手	钻井平台水手
		采油平台水手
		平台稳性操作员
6-16-03（GBM 61603）采盐人员	6-16-03-01　海盐制盐工	制卤工

续表

小类	细类（职业）	工种
	6-16-03-02 湖盐制盐工	海盐采收工 驳筑、集拆坨盐工 湖盐穿爆工 湖盐采掘工 湖盐脱水工
	6-16-03-03 井矿盐制盐工	井矿盐采卤工 井矿盐卤水净化工 真空制盐工
6-16-99（GBM 61699）其他采矿人员		

第十七中类　6-17（GBM 61700）金属冶炼和压延加工人员

小类	细类（职业）	工种
6-17-01（GBM 61701）炼铁人员	6-17-01-01 烧结球团原料工	烧结原料工 烧结配料工 混合料工 球团原料工
	6-17-01-02 粉矿烧结工	

续表

小类	细类（职业）	工种
	6-17-01-03　球团焙烧工	造球工
		竖窑球团焙烧工
		回转窑球团焙烧工
		带式球团焙烧工
		转底炉工
	6-17-01-04　烧结成品工	冷却筛分工
		成品矿运送工
	6-17-01-05　高炉原料工	高炉上料工
		煤粉工
		碾泥工
	6-17-01-06　高炉炼铁工	高炉炉前工
		高炉炼铁操作工
		铸铁机工
	6-17-01-07　高炉运转工	热风炉工
		高炉配管工
		铁渣处理工
6-17-02（GBM 61702）炼钢人员	6-17-02-01　炼钢原料工	废钢加工工
		炼钢原料加工工
		混铁炉工

续表

小类	细类（职业）	工种
	6-17-02-02 炼钢工	铁水预处理工
		转炉炼钢工
		电炉炼钢工
		炉外精炼工
		特种炉冶炼工
	6-17-02-03 炼钢浇铸工	模铸工
		连铸工
	6-17-02-04 炼钢准备工	钢水罐准备工
		换罐清渣工
		钢渣处理工
	6-17-02-05 整模脱模工	
6-17-03（GBM 61703）铸铁管人员	6-17-03-01 铸管备品工	铸管制芯工
		管模维修工
	6-17-03-02 铸管工	离心铸管工
		铸管退火工
		铸管熔炼工
	6-17-03-03 铸管精整工	铸管精整操作工
		铸管涂衬工
		铸管喷漆工

续表

小类	细类（职业）	工种
6-17-04（GBM 61704）铁合金冶炼人员	6-17-04-01　铁合金原料工	铁合金原料加工工 铁合金电极糊工
	6-17-04-02　铁合金火法冶炼工	铁合金电炉冶炼工 铁合金特种冶炼工 铁合金炉外法冶炼工 铁合金高炉冶炼工 铁合金转炉冶炼工 铁合金成品工 铝粒工
	6-17-04-03　铁合金焙烧工	铁合金焙烧操作工 钒铁熔化还原工 金属铬还原工 铁合金回转窑工 铁合金炉料烧结工
	6-17-04-04　铁合金湿法冶炼工	钒铁浸滤工 钒铁沉淀工 金属铬浸滤工 金属铬反应工
	6-17-04-05　钒氮合金工	

续表

小类	细类（职业）	工种
6-17-05（GBM 61705）重有色金属冶炼人员	6-17-05-01 重冶备料工	重冶制团制粒工 密闭鼓风炉备料工 有色金属配料工 重冶固体物料配料工 重冶固体原料输送工 重冶备料破碎工 有色矿石磨细工
	6-17-05-02 重金属物料焙烧工	焙烧炉焙烧工 重金属回转窑焙烧工 重金属煅烧工 多膛炉焙烧工
	6-17-05-03 重冶火法冶炼工	焦结炉工 蒸馏炉工 重冶竖炉工 鼓风炉工 闪速炉熔炼工 矿热电炉熔炼工 白银熔池熔炼工 锑白炉工

续表

小类	细类（职业）	工种
		卡尔多炉工
		真空冶炼工
		重冶转炉工
		重冶火法精炼工
		熔析炉工
		钛汞合金冶炼工
		铋冶炼工
		塔盘制炼工
		反射炉工
		有色金属熔池熔炼炉工
		有色金属强化熔炼工
		阳极炉工
		中高频炉工
	6-17-05-04 重冶湿法冶炼工	重冶浸出工
		蒸发浓缩结晶工
		重冶萃取工
		有色液固分离工
		重冶净化工
	6-17-05-05 电解精炼工	重冶配液工

续表

小类	细类（职业）	工种
6-17-06（GBM 61706）轻有色金属冶炼人员	6-17-06-01 氧化铝制取工	重冶净液工
		阴阳极制作工
		电解槽操作工
		电解熔铸工
		轻冶料浆配料工
		轻冶浆液调整输送工
		拜耳法溶出工
		轻冶沉降工
		氢氧化铝分解工
		氧化铝焙烧工
		熟料烧结工
		烧结法溶出工
		粗液脱硅工
		母液蒸发工
	6-17-06-02 铝电解工	铝电解槽操作工
		铝及铝合金熔铸工
		电解槽计算机监控工
		铝吸出工
		铝电解综合工

续表

小类	细类（职业）	工种
6-17-07（GBM 61707）稀贵金属冶炼人员	6-17-06-03 镁冶炼工	铝电解筑炉工 多功能机组操作工 物料输送及烟气净化工 炭极生产工 煅白制备工 镁电解工 镁氯化工 镁精炼工 镁还原工
	6-17-06-04 硅冶炼工	
	6-17-07-01 钨钼冶炼工	钨钼粉末制造工 粗钨酸钠溶液制备工 钨酸铵溶液制备工 氧化钨制备工 偏钨酸铵制备工 钨、钼、钴粉还原工 碳化钨制备工 碳化钛制备工 仲钼酸铵制备工

续表

小类	细类（职业）	工种
	6-17-07-02 钽铌冶炼工	钼钨冶炼辅料制备工 钼铁冶炼工 纯三氧化钨、仲钨酸铵、兰钨制取工 铸造碳化钨熔炼破碎工 铸造碳化钨制管工 焙烧压煮工 钽铌分离工 钽铌化合物制取工 铌碳还原火法冶炼工 钽铌精炼工 钽铌加工材制取工 钽钠还原火法冶炼工 钽碳还原火法冶炼工 铌铁火法冶炼工 铌酸锂晶体制取工 钽铌镧还原冶炼工 钽铌压制成型工
	6-17-07-03 钛冶炼工	氯化炉工

续表

小类	细类（职业）	工种
	6-17-07-04 稀土冶炼工	四氯化钛精制工 熔体镁工 钛渣冶炼工 液氯气化处理工 海绵钛准备拆装工 海绵钛还原蒸馏工 钛真空熔炼工 稀土精矿分解工 稀土萃取工 稀土离子交换工 稀土电解工 稀土真空热还原工 稀土挤压工 稀土熔炼工 稀土后处理工 稀土色层工 液膜提取工 氟化稀土制备工 稀土原料工

续表

小类	细类（职业）	工种
	6-17-07-05 稀土材料生产工	稀土化工操作工
		稀土原辅材料预处理工
		稀土烟气回收工
		稀土废液回收工
		稀土抛光粉工
		稀土发光材料工
		稀土储氢材料工
		稀土催化材料工
		稀土永磁材料工
		稀土永磁合金快淬工
		稀土磁性材料成型工
	6-17-07-06 贵金属冶炼工	黄金氰化工
		炼金工
		贵金属精炼工
		阳极泥冶炼工
		贵金属回收提纯工
		富集工
	6-17-07-07 锂冶炼工	锂焙烧工
		锂电解工

续表

小类	细类（职业）	工种
6-17-08（GBM 61708）半导体材料制备人员	6-17-08-01　半导体辅料制备工 6-17-08-02　多晶硅制取工	碳酸锂蒸发工 碳酸锂转化工 锂盐田工 硅芯制备工 炉内器件高纯处理工 三氯氢硅还原工 三氯氢硅合成工 硅料腐蚀工 多晶硅后处理工 四氯化硅氢化工 硅烷法多晶硅制取工 三氯氢硅、四氯化硅提纯工
6-17-09（GBM 61709）金属轧制人员	6-17-09-01　轧制原料工 6-17-09-02　金属轧制工	金属锭坯整理工 轧制原料准备工 轧制加热工 坯料机加工 轧钢工 热压延工 冷压延工

续表

小类	细类（职业）	工种
	6-17-09-03 金属材酸碱洗工	轧管工
		车轮轧制工
		轧制备品工
		金属材酸洗工
		金属材碱洗工
	6-17-09-04 金属材涂层机组操作工	酸再生工
		脱脂工
		镀锌工
		镀锡工
		彩涂工
		箔材精制工
		阳极氧化工
		化学氧化工
	6-17-09-05 金属材热处理工	钢材热处理工
		有色金属材热处理工
	6-17-09-06 焊管机组操作工	
	6-17-09-07 金属材精整工	轧钢精整工
		重轨加工工
		钢丝制品精整工

续表

小类	细类（职业）	工种
6-17-10（GBM 61710）硬质合金生产人员	6-17-09-08 金属材丝拉拔工	板带箔材精整工
		管棒型材精整工
		轧钢成品工
		冷拉丝工
		热拉丝工
		金属材管拉拔工
	6-17-09-09 金属挤压工	有色挤压工
		挤压修模工
	6-17-09-10 铸轧工	铸轧熔炼工
		铸轧机操作工
	6-17-09-11 钢丝绳制造工	
	6-17-10-01 硬质合金混合料工	硬质合金混合料制备工
		硬质合金混合料鉴定下料工
	6-17-10-02 硬质合金成型工	模压成型工
		挤压成型工
		等静压成型工
		合金半成品加工工
	6-17-10-03 硬质合金烧结工	钨钼制品烧结工
		硬质合金制品烧结工

续表

小类	细类（职业）	工种
6-17-99（GBM 61799）其他金属冶炼和压延加工人员	6-17-10-04 硬质合金精加工工	硬质合金深度加工工 硬质合金钝化涂层工

第十八中类　6-18（GBM 61800）机械制造基础加工人员

小类	细类（职业）	工种
6-18-01（GBM 61801）机械冷加工人员	6-18-01-01　车工	数控车工 普通车工
	6-18-01-02　铣工	数控铣工 普通铣工
	6-18-01-03　刨插工	数控刨工 数控插工
	6-18-01-04　磨工	宝石轴承磨工 光学普通磨工 数控磨工 光学数控磨工 普通研磨工

续表

小类	细类（职业）	工种
		普通磨工
		数控研磨工
	6-18-01-05 镗工	数控镗工
		普通镗工
	6-18-01-06 钻床工	数控钻工
	6-18-01-07 多工序数控机床操作调整工	数控机加生产线操作调整工
		数控组合机床操作调整工
		加工中心操作调整工
		复合机床操作调整工
	6-18-01-08 电切削工	电火花成型机床操作工
		电火花线切割机床操作工
	6-18-01-09 拉床工	数控拉床工
	6-18-01-10 下料工	剪切工
		锯床工
	6-18-01-11 铆工	
	6-18-01-12 冲压工	冷作钣金工
		数控冲床操作工
		折弯机操作工
		卷板机操作工

续表

小类	细类（职业）	工种
6-18-02（GBM 61802）机械热加工人员	6-18-01-13　增材制造设备操作员 L/S 6-18-02-01　铸造工 6-18-02-02　锻造工 6-18-02-03　金属热处理工 6-18-02-04　焊工	压力机（生产线）操作工 拉深工 熔炼浇注工 铸造造型（芯）工 铸件清理工 自由锻锻工 模锻工 锻造加热工 锻件切边工 锻件清理工 锻件校正工 水（油）压机锻造工 表面（化学）热处理工 机械零部件热处理工 工程热处理工 电焊工 气焊工 钎焊工

续表

小类	细类（职业）	工种
	6-18-02-05 机械加工材料切割工	焊接设备操作工
		锅炉（承压）设备焊工
		手工火焰切割工
		手工等离子切割工
		数控等离子切割机操作工
		数控激光切割机操作工
		数控水射流切割机操作工
		数控型材专用切割机操作工
		数控火焰切割机操作工
	6-18-02-06 粉末冶金制品制造工	粉末冶金烧结工
		金属制粉工
		熔喷工
		铝镁粉球磨工
		铣粉工
		真空垂熔工
		筛粉工
		粉末冶金成型工
6-18-03（GBM 61803）机械表面处理加工人员	6-18-03-01 镀层工	电镀工
		氮化钛涂层工

小类	细类（职业）	工种
	6-18-03-02 镀膜工	酸洗钝化工
		化学铣切工
		热浸镀工
		化学镀银工
		转化膜工
		化学镀膜工
	6-18-03-03 涂装工	涂装预处理工
		涂料调配工
		涂料涂覆工
		涂装后处理工
		防锈处理工
	6-18-03-04 喷涂喷焊工	喷涂预处理工
		喷涂喷焊操作工
6-18-04（GBM 61804）工装工具制造加工人员	6-18-04-01 模具工	涂层后处理工
		塑料模具工
		压铸模具工
		铸造模具工
		锻压模具工
		挤压模具工

续表

小类	细类（职业）	工种
	6-18-04-02 模型制作工	挤出拉制模具工 粉末冶金模具工 冲压模具工 混凝土模具工 耐火材料模具工 玻璃制品模具工 玻璃钢模具工 陶瓷模型制作工 汽车模型工 建筑模型制作工 铸造模型工 船模制作工
	6-18-04-03 磨料制造工	超硬磨料制造工 普通磨料制造工 复合超硬材料制造工
	6-18-04-04 磨具制造工	
	6-18-04-05 量具和刃具制造工	量具制造工 刃具制造工
	6-18-04-06 工具钳工	夹具钳工

续表

小类	细类（职业）	工种
6-18-99（GBM 61899）其他机械制造基础加工人员		样板钳工

第十九中类 6-19（GBM 61900）金属制品制造人员

小类	细类（职业）	工种
6-19-01（GBM 61901）五金制品制作装配人员	6-19-01-01 工具五金制作工	手动工具制作工 手持小型动力工具制作工 绝缘防爆工具制作工
	6-19-01-02 建筑五金制品制作工	金属网制作工 水龙头及卫浴配件制作工 民用阀门及管道连接件制作工 轻钢龙骨制作工 门窗五金配件制作工 脚轮制作工 制钉工
	6-19-01-03 锁具制作工	锁零件制作工 锁具装配工

续表

小类	细类（职业）	工种
	6-19-01-04 金属炊具及器皿制作工	金属锅具制作工
		金属器皿制作工
		压力锅制作工
	6-19-01-05 日用五金制品制作工	拉链制作工
		金属打火机制作工
		塑料打火机制作工
		餐具及厨具制作工
		手电筒制作工
		伞制作工
		美容美发器具制作工
		刀剪制作工
		针制作工
		不锈钢真空容器制作工
		保险箱柜制作工
		金属纽扣饰扣制作工
		吸油烟机制作工
		流行饰品制作工
	6-19-01-06 搪瓷制品制造工	搪瓷瓷釉制作工
		搪瓷坯体制作工

续表

小类	细类（职业）	工种
6-19-99（GBM 61999）其他金属制品制造人员	6-19-01-07 眼镜架制作工 6-19-01-08 金箔制作工	搪瓷涂搪工 搪瓷花版饰花工 搪瓷烧成工 搪瓷窑炉司炉工

第二十中类 6-20（GBM 62000）通用设备制造人员

小类	细类（职业）	工种
6-20-01（GBM 62001）通用基础件装配制造人员	6-20-01-01 装配钳工 6-20-01-02 轴承制造工 6-20-01-03 齿轮制造工 6-20-01-04 减变速机装配调试工	 轴承装配工 轴承零件制造工 制齿工 齿轮装配工 数控制齿工

小类	细类（职业）	工种
6-20-02（GBM 62002）锅炉及原动设备制造人员	6-20-01-05 链传动部件制造工	链板冲压工
		套筒卷制工
		链条装配工
		销轴铆销工
		链轮制造工
	6-20-01-06 紧固件制造工	紧固件螺纹成型工
		紧固件镦锻工
	6-20-01-07 弹簧工	弹簧制作工
		特种弹簧制作工
	6-20-02-01 锅炉设备制造工	锅炉设备装配工
		锅炉设备试压工
		锅炉卷板工
		锅炉大件热处理工
	6-20-02-02 内燃机装配调试工	内燃机调试工
		内燃机装配工
	6-20-02-03 汽轮机装配调试工	汽轮机总装配调试工
		汽轮机转子装配调试工
		汽轮机部套装配调试工
	6-20-02-04 风电机组制造工 L	风轮叶片制造工

续表

小类	细类（职业）	工种
6-20-03（GBM 62003）金属加工机械制造人员	6-20-03-01　机床装调维修工	风电机组机械装调工 风电机组电气装调工 数控机床装调维修工 普通机床装调维修工
	6-20-03-02　焊接设备装配调试工	电焊机装配工 焊接专机装配工
	6-20-03-03　焊接材料制造工	焊材配拌粉工 电焊条压涂工 焊丝镀铜工 药芯焊丝成型工 焊剂烧结熔炼工 钎焊材料冶炼成型工
6-20-04（GBM 62004）物料搬运设备制造人员	6-20-04-00　电梯装配调试工	电梯机械装配工 电梯电气装配工
6-20-05（GBM 62005）泵、阀门、压缩机及类似机械制造人员	6-20-05-01　泵装配调试工	
	6-20-05-02　真空设备装配调试工	
	6-20-05-03　压缩机装配调试工	
	6-20-05-04　风机装配调试工	
	6-20-05-05　过滤与分离机械装配调试工	

续表

小类	细类（职业）	工种
6-20-06（GBM 62006）烘炉、衡器、水处理等设备制造人员	6-20-05-06　气体分离设备装配调试工	
	6-20-05-07　制冷空调设备装配工	
	6-20-05-08　阀门装配调试工	
	6-20-05-09　液压液力气动密封件制造工	液力元件制造工 液压元件及液压系统制造工 气动元件制造工 机械密封件制造工
	6-20-06-01　工业炉及电炉装配工	工业炉及电炉机械装配工 工业炉及电炉电气控制装调工 工业炉燃料系统装配工
	6-20-06-02　膜法水处理材料和设备制造工	
	6-20-06-03　电渗析器制造工	
	6-20-06-04　电动工具制造工	电动工具定转子制造工 充电式工具电池组合装配工 电动工具装配工
	6-20-06-05　衡器装配调试工	称重仪表装配调试工 称重传感器装配调试工 衡器总装调试工

续表

小类	细类（职业）	工种
6-20-07（GBM 62007）文化办公机械制造人员	6-20-07-01 电影电教设备制造工	电影放映设备装配调试工 幻灯机与投影仪装配调试工 银幕制造工 电影摄影设备装配调试工
	6-20-07-02 照相机及器材制造工	照相机与照相设备装配调试工 扩印洗印设备装配调试工
	6-20-07-03 复印设备制造工	
	6-20-07-04 办公小机械制造工	
	6-20-07-05 光学镜头制造工	光学镜片制作工 光学镜头装配调试工
	6-20-07-06 静电成像设备耗材制造工	静电成像感光元件（光导鼓）制造工 静电成像显影材料墨粉（色调剂）制造工 静电成像显影材料载体制造工
	6-20-07-07 办公设备与耗材再制造工	办公设备再制造工 办公耗材再制造工
6-20-99（GBM 62099）其他通用设备制造人员		

第二十一中类 6-21（GBM 62100）专用设备制造人员

小类	细类（职业）	工种
6-21-01（GBM 62101）采矿、建筑专用设备制造人员	6-21-01-01 矿用电机车装配工	矿用电机车机械装配工 矿用电机车电气装配工 电动轮自卸车机械装配工 电动轮自卸车电气装配工
	6-21-01-02 工程机械装配调试工	起重机械装配调试工 工业车辆装配调试工 筑路及道路养护机械装配调试工 混凝土机械装配调试工 土方机械装配调试工 高空作业机械装配调试工 掘进及凿岩机械装配调试工 桩工机械装配调试工
6-21-02（GBM 62102）印刷生产专用设备制造人员	6-21-02-00 印刷设备装配调试工	印刷设备机械装调工 印刷设备电气装调工
6-21-03（GBM 62103）纺织服装和皮革加工专用设备制造人员	6-21-03-00 缝制机械装配调试工	缝制机械装配工 缝制机械调试工
6-21-04（GBM 62104）电子专用设备装配调试人员	6-21-04-01 电子专用设备装调工 6-21-04-02 真空测试工	

续表

小类	细类（职业）	工种
6-21-05（GBM 62105）农业机械制造人员	6-21-05-01 拖拉机制造工	拖拉机整机装试工 拖拉机机械加工生产线操作调整工 拖拉机燃油喷射系统装试工 拖拉机柴油发动机装试工 拖拉机电器装试工 拖拉机底盘部件装试工 拖拉机铸造加工生产线操作调整工 拖拉机冲剪压加工生产线操作调整工 拖拉机焊装加工生产线操作调整工 拖拉机涂装加工生产线操作调整工 拖拉机热处理加工生产线操作调整工 拖拉机锻造加工生产线操作调整工

续表

小类	细类（职业）	工种
	6-21-05-02　耕种机械制造工	
	6-21-05-03　灌溉机械制造工	
	6-21-05-04　收获机械制造工	
6-21-06（GBM 62106）医疗器械制品和康复辅具生产人员	6-21-06-01　医疗器械装配工	临床检验类设备组装调试工 手术器械装配调试工 医用电子仪器组装调试工 医用光学仪器组装调试工 医用消毒、低温设备组装调试工 医学影像设备组装调试工 手术急救类设备组装调试工 医用高能射线装备组装调试工 口腔设备组装调试工
	6-21-06-02　矫形器装配工	
	6-21-06-03　假肢装配工	
	6-21-06-04　医用材料产品生产工	
6-21-99（GBM 62199）其他专用设备制造人员		

第二十二中类 6-22（GBM 62200）汽车制造人员

小类	细类（职业）	工种
6-22-01（GBM 62201）汽车零部件、饰件生产加工人员	6-22-01-01　汽车生产线操作工	汽车涂装生产线操作工 汽车焊装生产线操作工 汽车冲压生产线操作工 汽车机加生产线操作工 汽车热处理生产线操作工 汽车锻造生产线操作工 汽车铸造生产线操作工
	6-22-01-02　汽车饰件制造工	
	6-22-01-03　汽车零部件再制造工 L	汽车零部件再制造修复工 汽车零部件再制造装调工 汽车发动机再制造装调工
6-22-02（GBM 62202）汽车整车制造人员	6-22-02-01　汽车装调工	汽车发动机装调工 汽车变速器装调工 汽车电气装调工 汽车整车装调工 汽车零部件装调工
	6-22-02-02　汽车回收拆解工 L	汽车回收工 汽车拆解工

续表

小类	细类（职业）	工种
6-22-99（GBM 62299）其他汽车制造人员		

第二十三中类　6-23（GBM 62300）铁路、船舶、航空设备制造人员

小类	细类（职业）	工种
6-23-01（GBM 62301）轨道交通运输设备制造人员	6-23-01-01　铁路机车制修工	铁路机车电工 内燃机车钳工 电力机车钳工 铁路机车装调工
	6-23-01-02　铁路车辆制修工	货车检车员 客车检车员 铁路车辆钳工 轮轴装修工 动态检车员 列检值班员 铁路车辆电工 发电车乘务员
	6-23-01-03　动车组制修师	动车组机械师

续表

小类	细类（职业）	工种
		动车组装调师
		动车组维修师
	6-23-01-04　铁路机车车辆制动钳工	
	6-23-01-05　道岔钳工	
6-23-02（GBM 62302）船舶制造人员	6-23-02-01　金属船体制造工	船体放样号料工
		船体冷加工工
		船体火工
		船体装配工
		批碳工
		船舶涂装工
		船舶特大型起重机驾驶工
		船舶起重工
		船舶气焊工
		船舶电焊工
	6-23-02-02　船舶机械装配工	船舶钳工
		船舶管系工
	6-23-02-03　船舶电气装配工	船舶电工
		船舶电信工
		船舶电气钳工

续表

小类	细类（职业）	工种
	6-23-02-04　船舶附件制造工	船舶电器安装工 螺旋桨钳工 螺旋桨铸造造型工 锚链热处理工 锚链打包浸漆工
	6-23-02-05　船舶木塑帆缆制造工	船舶木塑工 船舶帆缆工
	6-23-02-06　拆船工 L	仪表拆解工 机舱拆解工 船体拆解工 油船清洗工
6-23-03（GBM 62303）航空产品装配、调试人员	6-23-03-01　飞机装配工	飞机铅锌模工 飞机型架装配工 飞机铆装工 飞机结合测量工 飞机电缆盘箱工 飞机管工 飞机钣金工 飞机模线样板移型工

续表

小类	细类（职业）	工种
	6-23-03-02 飞机系统安装调试工	飞机蒙皮落压钣金工 飞机模线样板钳工 飞机化学铣切工 航空复合材料制品工 飞机数字化装配工 飞机结构胶接装配工 飞机起落架、冷气、液压系统安装调试工 飞机燃油动力系统安装调试工 飞机操纵系统安装调试工 飞机自动驾驶仪测试调整工 飞机供氧系统调试工 飞机试飞设备安装调试工 飞机仪表电气系统装调工 飞机无线电雷达系统装调工 飞机任务系统装调工 飞机环控救生内饰系统装调工
	6-23-03-03 航空发动机装配工	航空发动机叶片抛光工 航空发动机装配修理钳工

续表

小类	细类（职业）	工种
	6-23-03-04 航空螺旋桨装配工	航空发动机外场排故工
		航空发动机管工
		航空发动机钣金工
		航空螺旋桨玻璃钢胶合工
		飞机桨叶型面仿形工
		飞机桨叶打磨抛光工
		飞机桨叶桨根型修工
	6-23-03-05 航空电气安装调试工	航空电器设备调试工
		航空电气系统安装调试工
	6-23-03-06 航空附件装配工	航空附件装配调试工
		航空滤网织网工
		过滤器组合钳工
		精密电成型网工
		机载悬挂产品装调工
		航空附件壳体旋压工
		飞机起落架附件装调工
	6-23-03-07 航空仪表装配工	航空陀螺仪表装配工
		航空电气机械仪表装配工
		航空玻璃液体电门制造工

续表

小类	细类（职业）	工种
	6-23-03-08 航空装配平衡工	航空导航系统装配调试工 航空发动机平衡工 航空桨叶平衡工 航空电机平衡工
	6-23-03-09 飞机无线电设备安装调试工	飞机无线电设备调试工
	6-23-03-10 飞机雷达安装调试工	飞机雷达安装工 飞机雷达调试工 飞机雷达罩测试工
	6-23-03-11 飞机特种设备检测与修理工	机场无线电台操纵修理工 机场雷达操纵修理工
	6-23-03-12 飞机透明件制造胶接装配工	
	6-23-03-13 飞机外场调试与维护工	外勤机械工 飞机外勤仪表、电气工 外勤无线电雷达工 保伞工
	6-23-03-14 航空环控救生装备工	飞机外勤弹射救生工 航空救生设备裁剪工 航空救生设备缝制工

续表

小类	细类（职业）	工种
6-23-04（GBM 62304）摩托车、自行车制造人员	6-23-03-15　无人机装调检修工 6-23-04-01　摩托车装调工 6-23-04-02　自行车与电动自行车装配工	航空救生设备非金属零件制造工 摩托车成车装调工 摩托车发动机装调工 自行车装配工 电动自行车装配工
6-23-99（GBM 62399）其他铁路、船舶、航空设备制造人员		

第二十四中类　6-24（GBM 62400）电气机械和器材制造人员

小类	细类（职业）	工种
6-24-01（GBM 62401）电机制造人员	6-24-01-00　电机制造工	电机嵌线工 电机装配工 电机铁芯叠装工 电机线圈制造工 中小电机笼型绕组制造工

续表

小类	细类（职业）	工种
6-24-02（GBM 62402）输配电及控制设备制造人员	6-24-02-01 变压器互感器制造工	变压器装配工
		互感器装配工
		变压器铁芯叠装工
		变压器线圈制造工
		变压器绝缘件装配工
		变压器试验工
		互感器试验工
		变压器处理工
	6-24-02-02 高低压电器及成套设备装配工	低压电器及元件装配工
		高压电器及元件装配工
		高压成套设备装配配线工
		防爆电气装配工
		高压熔断器装配工
		避雷器装配工
		低压成套设备装配配线工
	6-24-02-03 电力电容器及其装置制造工	电力电容器配件工
		电力电容器卷制工
		电力电容器心体加工工
		电力电容器真空浸渍工

续表

小类	细类（职业）	工种
6-24-03（GBM 62403）电线电缆、光纤光缆及电工器材制造人员	6-24-02-04　光伏组件制造工 L	电力电容器及其成套装置装配工
		光伏晶硅组件制造工
		光伏薄膜组件制造工
		光伏聚光组件制造工
		光伏砷化镓组件制造工
	6-24-03-01　电线电缆制造工	绕组线漆包工
		铜铝杆生产工
		电线电缆拉制工
		电线电缆镀制工
		电线电缆绞制工
		电线电缆挤塑工
		电线电缆挤橡工
		电线电缆包制工
		电线电缆交联工
		电缆金属护套制造工
		电线电缆金属导体挤制工
	6-24-03-02　光纤光缆制造工	光纤着色并带工
		光纤套塑工

续表

小类	细类（职业）	工种
6-24-04（GBM 62404）电池制造人员	6-24-03-03　绝缘制品制造工	光缆护套工
		光纤筛选工
		光纤拉制工
		光缆成缆工
		绝缘材料制造工
		绝缘子制造工
		绝缘成型件制造工
		绝缘套管制造工
		热缩材料制造工
	6-24-03-04　电工合金电触头制造工	电工合金熔炼及热变形工
		电工合金冷变形工
		电工合金金属粉末处理工
	6-24-03-05　电器附件制造工	电器附件零部件制造工
		电器附件装配工
	6-24-04-00　电池制造工	电解液制作工
		电池配料工
		电极制造工
		隔离层制备工
		电池部件制备工

续表

小类	细类（职业）	工种
6-24-05（GBM 62405）家用电力器具制造人员	6-24-05-01　家用电冰箱制造工	电池（组）装配工 电池试制工 电池制液工 电池化成工 固态电解质制造工 电池测试工 电冰箱零部件制作工 电冰箱装配工
	6-24-05-02　空调器制造工	空调器零部件制作工 空调器装配工 空调器安装工 空调器压缩机装配工
	6-24-05-03　洗衣机制造工	洗衣机零部件制作工 洗衣机装配工
	6-24-05-04　小型家用电器制造工	
6-24-06（GBM 62406）非电力家用器具制造人员	6-24-06-00　燃气具制造工	燃气具零部件制作工 燃气具装配工 燃气具安装工

续表

小类	细类（职业）	工种
6-24-07（GBM 62407）照明器具制造人员	6-24-07-01 电光源制造工	灯用化学配料工 电光源外部件制造工 电光源发光部件制造工 电光源电路部件制造工 电光源装配工
	6-24-07-02 灯具制造工	灯具打样工 灯具零部件制造工 灯具装配工
6-24-08（GBM 62408）电气信号设备装置制造人员	6-24-08-00 轨道交通通信信号设备制造工	电控设备组调工 通信设备组调工 信号设备组调工 信号设备制造钳工
6-24-99（GBM 62499）其他电气机械和器材制造人员		

第二十五中类 6-25（GBM 62500）计算机、通信和其他电子设备制造人员

小类	细类（职业）	工种
6-25-01（GBM 62501）电子元件制造人员	6-25-01-01　电容器制造工	有机介质电容器纸、膜切割工 有机介质电容器纸、薄膜金属化工 有机介质电容器装配工 云母电容器制造工 陶瓷电容器制造工 铝箔腐蚀氧化工 钽电解电容器成型烧结工 钽电解电容器赋能、被膜工 电解电容器装配工 可变电容器装校工
	6-25-01-02　电阻器制造工	合成膜电位器工 热敏电阻红外探测器制造工 线绕电阻器、电位器制造工 有机实芯电阻器、电位器制造工 电阻器专用合金粉制造工 薄膜电阻器制造工

续表

小类	细类（职业）	工种
		玻璃釉膜电阻器、电位器制造工
		光敏电阻器制造工
		压敏电阻器制造工
		热敏电阻器制造工
		合成碳膜电位器制造工
	6-25-01-03 微波铁氧体元器件制造工	铁氧体材料制备工
		铁氧体元件成型工
		铁氧体材料烧成工
		铁氧体元件研磨工
		微波铁氧体器件调测工
	6-25-01-04 石英晶体生长设备操作工	压电石英晶体配料装釜工
		高压釜温控工
	6-25-01-05 压电石英晶片加工工	籽晶片制造工
		压电石英晶体切割工
		压电石英晶体研磨工
	6-25-01-06 石英晶体元器件制造工	压电石英片烧银焊线工
		石英晶体元件装配工
		石英晶体振荡器制造工

续表

小类	细类（职业）	工种
	6-25-01-07 电声器件制造工	石英晶体滤波器制造工 传声器装调工 扬声器装调工 送受话器装调工 音圈绕制工 电声振动件制造工 扬声器号筒擀制工 耳机与人耳配置测试工
	6-25-01-08 水声换能器制造工	水声换能器装配工 水声换能器密封工 水声测量工 水声压电器件制造工
	6-25-01-09 继电器制造工	继电器装配工 继电器调整工 半导体继电器装调工 继电器封装工 玻璃绝缘子烧结工 舌簧管封装工 继电器线圈绕制工

续表

小类	细类（职业）	工种
	6-25-01-10　高频电感器制造工	高频电感器包封工
		高频电感器绕制工
	6-25-01-11　电器接插件制造工	接插件零件制造工
		接插件装校工
	6-25-01-12　电子产品制版工	印制电路照相制版工
		荫罩制板工
		掩膜版制造工
	6-25-01-13　印制电路制作工	电子电路逻辑布线工
		电路图形制作工
		印制电路镀覆工
		印制电路加工工
	6-25-01-14　薄膜加热器件制造工	
	6-25-01-15　温差电器件制造工	温差电致冷器件制造工
		温差电电池制造工
	6-25-01-16　电子绝缘与介质材料制造工	电子绝缘材料上胶工
		电子绝缘材料压制工
		电子绝缘材料试制工
		电子封装材料制造工
		电子部件电路管壳制造工

续表

小类	细类（职业）	工种
6-25-02（GBM 62502）电子器件制造人员	6-25-02-01 真空电子器件零件制造及装调工	真空电子器件化学零件制造工
		真空电子器件金属零件制造工
		真空电子器件装配工
	6-25-02-02 电极丝制造工	杜美丝制造工
		钨绞丝加热子制造工
	6-25-02-03 液晶显示器件制造工	液晶显示器件阵列制造工
		液晶显示器件成盒制造工
		液晶显示器件彩膜制造工
		液晶显示器件模组制造工
	6-25-02-04 晶片加工工	晶体制备工
		晶体切割工
		硅片研磨工
		硅晶片抛光工
	6-25-02-05 半导体芯片制造工	外延工
		氧化扩散工
		离子注入工
		化学气相淀积工
		光刻工
		电子真空镀膜工

续表

小类	细类（职业）	工种
	6-25-02-06 半导体分立器件和集成电路装调工	半导体器件和集成电路电镀工 芯片装架工 半导体分立器件封装工 混合集成电路装调工 集成电路管壳制造工 半导体分立器件和集成电路键合工 半导体分立器件和集成电路微系统组装工
	6-25-02-07 磁头制造工	静电记录头制作工 磁头研磨工 磁头装配工
6-25-03（GBM 62503）计算机制造人员	6-25-03-00 计算机及外部设备装配调试员	计算机整机装配调试员 计算机零部件装配调试员 计算机外部设备装配调试员 计算机网络设备装配调试员
6-25-04（GBM 62504）电子设备装配调试人员	6-25-04-01 通信系统设备制造工	通信传输设备装调工 通信交换设备装调工 通信接入设备装调工

续表

小类	细类（职业）	工种
	6-25-04-02　通信终端设备制造工	无线通信设备装调工 通信移动终端设备装调工 通信固定终端设备装调工
	6-25-04-03　雷达装调工	雷达装配工 雷达调试工
	6-25-04-04　激光设备安装调试员	激光头制造工 激光机装调工 激光加工设备装调工
	6-25-04-05　智能硬件装调员	
	6-25-04-06　电子设备机械装校工	
	6-25-04-07　电子设备装接工	电子设备手工装接工 电子设备波峰焊装接工 电子元器件表面贴装工
	6-25-04-08　电子设备调试工	
	6-25-04-09　物联网安装调试员	
6-25-99（GBM 62599）其他计算机、通信和其他电子设备制造人员		

第二十六中类 6-26（GBM 62600）仪器仪表制造人员

小类	细类（职业）	工种
6-26-01（GBM 62601）仪器仪表装配人员	6-26-01-01 仪器仪表制造工	仪器仪表装调工 测量与控制系统（单元）装调工
	6-26-01-02 钟表及计时仪器制造工	钟表零件加工工 钟表部件组件装配工 机械手表装配工 石英手表装配工 时钟装配工
6-26-99（GBM 62699）其他仪器仪表制造人员		

第二十七中类 6-27（GBM 62700）再生资源综合利用人员

小类	细类（职业）	工种
6-27-01（GBM 62701）废料和碎屑加工处理人员	6-27-01-00 再生物资加工处理工 L	废金属加工处理工 废塑料加工处理工 废化纤加工处理工 电子废弃物处理工 废矿物油再生处置工

续表

小类	细类（职业）	工种
6-27-99（GBM 62799）其他再生资源综合利用人员		

第二十八中类 6-28（GBM 62800）电力、热力、气体、水生产和输配人员

小类	细类（职业）	工种
6-28-01（GBM 62801）电力、热力生产和供应人员	6-28-01-01 锅炉运行值班员	
	6-28-01-02 燃料值班员	燃料集控值班员 生物质燃料值班员 煤层气预处理值班员
	6-28-01-03 汽轮机运行值班员	汽轮机辅机值班员 汽轮机值班员
	6-28-01-04 燃气轮机值班员	燃气轮机运行值班员 煤层气发电运行值班员
	6-28-01-05 发电集控值班员	
	6-28-01-06 电气值班员	
	6-28-01-07 火电厂氢冷值班员	
	6-28-01-08 余热余压利用系统操作工 L	余热利用工 余压利用工

续表

小类	细类（职业）	工种
	6-28-01-09 水力发电运行值班员 L	
	6-28-01-10 光伏发电运维值班员 L	
	6-28-01-11 锅炉操作工	
	6-28-01-12 风力发电运维值班员 L	
	6-28-01-13 供热管网系统运行工	热力管网运行工 供热生产调度工 热力站运行工 中继泵站运行工 热力网值班员
	6-28-01-14 变配电运行值班员	变电站运行值班员 配电网设备运维员 换流站运行值班员
	6-28-01-15 继电保护员	
6-28-02（GBM 62802）气体生产、处理和输送人员	6-28-02-01 燃气储运工	液化石油气库站运行工 液化天然气储运工 燃气输配场站运行工 钢铁生产燃气防护工 燃气管网运行工 燃气用户安装检修工

· 235 ·

续表

小类	细类（职业）	工种
		压缩天然气场站运行工
	6-28-02-02　气体深冷分离工	
	6-28-02-03　工业气体生产工	制氢工
		特种气体生产工
		气体净化工
		溶解乙炔生产工
		混合气生产工
		气体充装工
		气瓶检验工
		医用供气工
		工业供气工
		气瓶充装工
		气体分离工
		液化气体生产工
	6-28-02-04　工业气体液化工	液氯工
		煤层气液化工
		液体二氧化硫工
		液体二氧化碳生产工
		液化天然气生产工

续表

小类	细类（职业）	工种
	6-28-02-05　工业废气治理工 L	除尘工 脱硫脱硝处理工 有毒有害气体处理工
	6-28-02-06　压缩机操作工	
	6-28-02-07　风机操作工	
6-28-03（GBM 62803）水生产、输排和水处理人员	6-28-03-01　水生产处理工 L	自来水生产工 海水淡化工 高纯水制取工 循环冷却水操作工 化学水处理工 海水冷却系统操作员
	6-28-03-02　水供应输排工 L	供排水调度工 排水管道工 供水管道工 排水巡查员 供排水泵站运行工
	6-28-03-03　工业废水处理工 L	
	6-28-03-04　司泵工	
	6-28-03-05　管廊运维员 L	

续表

小类	细类（职业）	工种
6-28-99（GBM 62899）其他电力、热力、气体、水生产和输配人员		

第二十九中类 6-29（GBM 62900）建筑施工人员

小类	细类（职业）	工种
6-29-01（GBM 62901）房屋建筑施工人员	6-29-01-01 砌筑工	建筑瓦工 窑炉修筑工 船舶泥工 打胶工 金属屋面工 瓦屋面工
	6-29-01-02 石工	
	6-29-01-03 混凝土工	混凝土搅拌工 混凝土泵送工 混凝土浇筑工 混凝土模板工
	6-29-01-04 钢筋工	
	6-29-01-05 架子工	普通架子工

续表

小类	细类（职业）	工种
6-29-02（GBM 62902）土木工程建筑施工人员	6-29-01-06 装配式建筑施工员 6-29-01-07 乡村建设工匠 6-29-02-01 铁路自轮运转设备工 6-29-02-02 铁路线桥工 6-29-02-03 筑路工	附着升降脚手架安装拆卸工 高处作业吊篮安装拆卸工 高处作业吊篮操作工 自轮运转设备检修工 大型养路机械司机 大型桥梁机械操作工 轨道作业车司机 铁路线路工 铁路路基工 铁路桥隧工 摊铺机操作工 管涵顶进工 沥青混合料拌和设备操作工 路基路面工 压路机操作工 平地机操作工 交通安全设施工

续表

小类	细类（职业）	工种
	6-29-02-04 公路养护工	稳定土拌和设备操作工
		道路巡视养护工
		桥梁巡视养护工
		隧道巡视养护工
	6-29-02-05 桥隧工	桥梁工
		隧道工
		盾构机操作工
	6-29-02-06 凿岩工	
	6-29-02-07 爆破工	
	6-29-02-08 防水工	防渗墙工
	6-29-02-09 水运工程施工工	水上打桩工
		水上抛填工
		疏浚管线工
		航道养护工
	6-29-02-10 水工建构筑物维护检修工	港口维修工
		水电站水工建构筑物维护检修工
	6-29-02-11 电力电缆安装运维工	
	6-29-02-12 送配电线路工	送配电线路架设工

续表

小类	细类（职业）	工种
	6-29-02-13 牵引电力线路安装维护工	送配电线路检修工
		送电线路直升机航检员
		无轨电车架线工
		铁路电力线路工
		接触网工
	6-29-02-14 舟桥工	铁路舟桥工
		舟桥起重工
		机动舟驾驶员
	6-29-02-15 管道工	油气管线安装工
		城市管道安装工
		带压封堵工
	6-29-02-16 铁路综合维修工	铁路网线维修工
		铁路信线维修工
		铁路房建设备巡检维修工
	6-29-02-17 城市轨道交通检修工	城市轨道交通车辆检修工
		城市轨道交通机电检修工
		城市轨道交通线路检修工
		城市轨道交通桥隧检修工
		城市轨道交通站台门检修工

续表

小类	细类（职业）	工种
6-29-03（GBM 62903）建筑安装施工人员	6-29-03-01 机械设备安装工	城市轨道交通自动售检票检修工
	6-29-03-02 电气设备安装工	
	6-29-03-03 电梯安装维修工	电梯安装工 电梯维修工
	6-29-03-04 管工	
	6-29-03-05 制冷空调系统安装维修工	制冷空调系统安装调试工 制冷空调设备维修工 制冷剂回收再利用工
	6-29-03-06 锅炉设备安装工	锅炉钢架安装工 锅炉受热面安装工 锅炉辅机安装工
	6-29-03-07 发电设备安装工	汽轮机安装工 水轮机安装工 水轮发电机组安装工 风力发电机组安装工 光伏发电设备安装工
	6-29-03-08 电力电气设备安装工	电力工程内线安装工

续表

小类	细类（职业）	工种
6-29-04（GBM 62904）建筑装饰人员	6-29-03-09 轨道交通通信工 6-29-03-10 轨道交通信号工 6-29-04-01 装饰装修工	高压电气安装工 变电设备安装工 电动汽车充电桩安装检修工 铁路通信工 城市轨道交通通信工 铁路信号工 城市轨道交通信号工 抹灰工 油漆工 镶贴工 建筑涂装工 地板铺装工 厨卫设备安装维修工 地面供暖施工员 美缝师 艺术涂装师 裱糊工 小型供热供冷新风净水系统安装工

续表

小类	细类（职业）	工种
6-29-05（GBM 62905）古建筑修建人员	6-29-04-02　建筑门窗幕墙安装工 6-29-04-03　照明工程施工员 6-29-05-00　古建筑工	陶瓷饰面装饰工 地坪铺装工 建筑幕墙安装工 建筑门窗安装工 古建筑传统木工 古建筑传统瓦工 古建筑传统石工 古建筑传统裱糊工 古建筑传统彩画工 古建筑传统油工
6-29-99（GBM 62999）其他建筑施工人员		

第三十中类　6-30（GBM 63000）运输设备和通用工程机械操作人员及有关人员

小类	细类（职业）	工种
6-30-01（GBM 63001）专用车辆操作人员	6-30-01-00　专用车辆驾驶员	矿用重型汽车司机 炸药车司机

续表

小类	细类（职业）	工种
6-30-02（GBM 63002）轨道交通运输机械设备操作人员	6-30-02-01　铁路车站行车作业员	民航专用车辆操作员 洒水车司机 车站值班员 扳道员 信号员 车站调度员 车号员 列尾作业员 助理值班员
	6-30-02-02　铁路车站调车作业员	调车区长 调车长 连结员 减速顶维修工 调车指导 驼峰值班员 驼峰作业员
	6-30-02-03　机车调度值班员	机车调度员 机车运用值班员
	6-30-02-04　机车整备员	机车检查保养员

续表

小类	细类（职业）	工种
6-30-03（GBM 63003）民用航空设备操作及有关人员	6-30-02-05　救援机械操作员 6-30-02-06　铁路试验检测设备维修工 6-30-02-07　铁路电源工 6-30-03-01　航空通信导航监视员	机车整备工 救援起复工 救援机械司机 塔台集中控制机务员 无方向信标、指点标机务员 全向信标、测距仪机务员 仪表着陆系统、测距仪机务员 一次雷达机务员 二次雷达机务员 空管自动化系统机务员 空管语音通信系统、记录仪机务员 动力设备机务员 卫星导航地面设备机务员 地空通信、数据链机务员 自动转报系统、航管综合信息处理系统机务员

续表

小类	细类（职业）	工种
	6-30-03-02 民航机场专用设备机务员	航管信息网络机务员 多点相关定位系统机务员 空管卫星通信设备机务员 航管数字数据通信设备及传输链路机务员 自动相关监视系统机务员 航管语音通信交换设备及线路机务员 集群通信系统机务员 民航专用车辆机务员 民航航站楼自动化设备机务员 民用机场场务设备机务员 民用机场助航灯光机务员 旅客登机桥操作员
	6-30-03-03 航空油料员	航空油料储运员 航空油料飞机加油员 航空油料特种设备修理员
6-30-04（GBM 63004）水上运输设备操作及有关人员	6-30-04-01 船舶甲板设备操作工	船舶水手 船舶木匠

·247·

续表

小类	细类（职业）	工种
6-30-05（GBM 63005）通用工程机械操作人员	6-30-04-02 船舶机舱设备操作工	气垫船驾驶员
		趸船水手
		工程船舶水手
		船舶机工
		船舶加油工
		船舶轮机员
		船舶电子技工
	6-30-04-03 船闸及升船机运管员	船闸及升船机运行员
		船舶过闸及升船机调度员
		船闸及升船机水工员
	6-30-04-04 潜水员	空气潜水员
		混合气潜水员
		饱和潜水员
	6-30-05-01 起重装卸机械操作工	履带吊司机
		塔吊司机
		汽车吊司机
		桥式起重机司机
		散料卸车机司机
		堆取料机司机

续表

小类	细类（职业）	工种
		流体装卸操作工
		翻车机工
		船舶吊车司机
		叉车司机
		堆垛车操作工
		电动港口装卸机械司机
		内燃港口装卸机械司机
		高空作业机械操作工
		起重装卸机械智能控制员
	6-30-05-02　起重工	水上起重工
	6-30-05-03　输送机操作工	皮带工
	6-30-05-04　索道运输机械操作工	客运索道操作工
		物料索道操作工
	6-30-05-05　挖掘铲运和桩工机械司机	推土机司机
		土石方挖掘机司机
		铲运机司机
		装载机司机
		打桩工

续表

小类	细类（职业）	工种
6-30-99（GBM 63099）其他运输设备和通用工程机械操作人员及有关人员		

第三十一中类　6-31（GBM 63100）生产辅助人员

小类	细类（职业）	工种
6-31-01（GBM 63101）机械设备修理人员	6-31-01-01　设备点检员	机械设备点检员 电气设备点检员 仪表设备点检员 过程控制系统点检员
	6-31-01-02　机修钳工	化工检修钳工 烟机钳工
	6-31-01-03　电工	煤矿井下防爆电工 化工检修电工 烟机电工 港机电工
	6-31-01-04　仪器仪表维修工	化工仪表维修工
	6-31-01-05　锅炉设备检修工	锅炉本体检修工

续表

小类	细类（职业）	工种
		锅炉管阀检修工
		锅炉辅机检修工
		锅炉除灰、脱硫、脱硝设备检修工
	6-31-01-06 汽轮机和水轮机检修工	汽机本体检修工
		汽机辅机检修工
	6-31-01-07 电机检修工	电动机检修工
		发电厂发电机检修工
		风力发电机检修工
	6-31-01-08 变电设备检修工	开关设备检修工
		变压器设备检修工
		变电带电检修工
	6-31-01-09 工程机械维修工	土方机械维修工
		起重机械维修工
		掘进及凿岩机械维修工
		高空作业机械维修工
		筑路及道路养护机械维修工
		混凝土机械维修工
		桩工机械维修工

续表

小类	细类（职业）	工种
6-31-02（GBM 63102）船舶、航空器修理人员	6-31-01-10　机电设备维修工	工业车辆维修工 堆场机械维修工 快递设备运维师 印刷设备维修工
	6-31-02-01　船舶修理工	
	6-31-02-02　航空器机械维护员	
	6-31-02-03　航空器部件修理工	航空器机械附件修理工 航空器电子部件修理工 航空器电气部件修理工 航空器结构修理工 航空器起落架修理工 航空器螺旋桨修理工 航空器系统修理工 航空器导管修理工 航空器电缆修理工 航空器透明件修理工
	6-31-02-04　航空发动机修理工	活塞发动机修理工 涡轮发动机修理工
	6-31-02-05　航空器外场维护员	航空器机械外场维护员

续表

小类	细类（职业）	工种
6-31-03（GBM 63103）检验试验人员		航空器电气仪表外场维护员 航空器通信雷达外场维护员 航空发动机外场维护员 航空器救生设施外场维护员 航空器系统外场维护员
	6-31-03-01　化学检验员	
	6-31-03-02　物理性能检验员	烟草物理检验员 建筑材料试验工
	6-31-03-03　生化检验员	
	6-31-03-04　无损检测员	
	6-31-03-05　质检员	机械产品检验员 塑料制品生产检验工 钢铁产品质检工 水泥质检员 混凝土制品质检员 玻纤及制品检验工 有色金属冶炼质检员 有色金属加工质检员 玻璃钢制品检验员

续表

小类	细类（职业）	工种
	6-31-03-06 试验员	电线电缆检验员 光纤检测员 家电生产产品检测员 木材检验员 中药质检员 机械产品试验员 电气试验工 热工试验工 高压试验工 化工工艺试验工
6-31-04（GBM 63104）称重计量人员	6-31-04-00 称重计量工	司磅工 油料计量员
6-31-05（GBM 63105）包装人员	6-31-05-00 包装工	
6-31-06（GBM 63106）安全生产管理人员	6-31-06-00 安全员	化工安全员
6-31-07（GBM 63107）工业机器人操作运维人员	6-31-07-01 工业机器人系统运维员 S 6-31-07-02 工业视觉系统运维员 S 6-31-07-03 工业机器人系统操作员 S	

续表

小类	细类（职业）	工种
6-31-99（GBM 63199）其他生产辅助人员		

第九十九中类　6-99（GBM 69900）其他生产制造及有关人员

小类	细类（职业）	工种
6-99-00（GBM 69900）其他生产制造及有关人员		

第七大类

军队人员

第七大类　7（GBM 70000）军队人员

第一中类　7-01（GBM 70100）军官（警官）

小类	细类（职业）	工种
7-01-00（GBM 70100）军官（警官）	7-01-00-00　军官（警官）	

第二中类　7-02（GBM 70200）军士（警士）

小类	细类（职业）	工种
7-02-00（GBM 70200）军士（警士）	7-02-00-00　军士（警士）	

第三中类　7-03（GBM 70300）义务兵

小类	细类（职业）	工种
7-03-00（GBM 70300）义务兵	7-03-00-00　义务兵	

第四中类　7-04（GBM 70400）文职人员

小类	细类（职业）	工种
7-04-00（GBM 70400）文职人员	7-04-00-00　文职人员	

第八大类

不便分类的其他从业人员

第八大类　8（GBM 80000）不便分类的其他从业人员

中类　8-00（GBM 80000）不便分类的其他从业人员

小类	细类（职业）	工种
8-00-00（GBM 80000）不便分类的其他从业人员	8-00-00-00　不便分类的其他从业人员	